Foto: Carsten Heidmann



Werders Geschäftsführer Klaus-Dieter Fischer, Manfred Müller, Klaus Allofs und Jürgen L. Born (v. li.).

# Liebe Werder-Fans!

**Die Saison 2007/2008** endete mit einem konstanten Hoch und einem strahlenden Saisonabschluss im Mai – der Vize-Meisterschaft. Damit blieb Werder Bremen das Flaggschiff des Nordens. Durchaus stürmisch begann dann die jetzt laufende Spielzeit 2008/2009: zunächst fünf unvergessliche Tore bei den Bayern, dann fünf gegen Hoffenheim. Häufiger aber, als uns lieb war, regnete es auch ‚hinten rein': Tendenz wechselhaft. Und so endet das Jahr 2008 mit dem Wunsch nach Konstanz auf hohem Niveau.

**Werder Bremen hat** in den vergangenen Jahren konsequent einen eigenständigen Kurs verfolgt. Auf Basis unserer einnahmebezogenen Ausgabenpolitik, also mit überschaubarem finanziellem Risiko, wurde eine Mannschaft zusammengestellt, die unter der Leitung von Thomas Schaaf für die Begriffsprägung ‚Erlebnisfußball' gesorgt hat. Mit dieser herzerfrischenden Spielweise erzielten wir in der vergangenen Saison 75 Treffer und lagen mit 2,2 geschossenen Toren pro Spiel im Vergleich unter den europäischen Spitzen-Clubs an erster Stelle vor Manchester United (2,1).

**Das hatte zur Folge,** dass kein Team häufiger als Werder Bremen im Pay-TV gezeigt wurde: Mit 228 Stunden Sendezeit lagen wir beim Sender Premiere vor den Bayern aus München an erster Stelle. Auch die Sympathiewerte unseres Vereins – ermittelt durch ein renommiertes Marktforschungsinstitut – lagen im bundesweiten Vergleich ganz vorne. Nie zuvor verkauften wir zudem mehr Werder-Trikots.

**Die Werder Bremen** GmbH & Co KG aA blieb weiterhin ihrer Geschäftsphilosophie treu, operierte schuldenfrei und hat im zurückliegenden Geschäftsjahr einen Rekord-Umsatz von 112,4 Millionen Euro erzielt. Damit wurde das Ergebnis aus dem Vorjahr um 6,6 Millionen Euro übertroffen.

**Zum fünften Mal in Folge** spielen wir nun schon in der Champions League. Bewertet man unser Umfeld und die daraus resultierenden wirtschaftlichen Möglichkeiten, kann das aber nicht die Normalität sein. Es gleicht vielmehr einem kleinen Wunder. Denn Werder rangiert zwar unter den 20 umsatzstärksten Clubs in Europa – allerdings stehen die Bayern, der Hamburger SV und Schalke 04 in diesem Ranking weiterhin vor uns. Und weitere Bundesliga-Vereine haben eigentlich bessere Ausgangspositionen. Wir sind also auch zukünftig gezwungen, mittels einer besonnenen und sachkundigen Geschäftspolitik diese Nachteile auszugleichen. Schuldenfreies Handeln bleibt dabei ein Baustein unserer Strategie.

**Die Konkurrenz-Situation** in der Bundesliga hat sich für uns weiter verschärft. Neben den bekannten Rivalen zeigen sich auch die werksunterstützten Clubs aus Wolfsburg und Leverkusen erstarkt, mit dem finanziell bestens ausgestatteten Aufsteiger aus Hoffenheim ist gar ein gänzlich neuer ‚Big Player' aufgetaucht.

**Wir stellen uns** mit aller Energie den neuen Herausforderungen. Unser besonderes Augenmerk gilt stets der Qualitätssicherung im Spielerkader. Wir verfügen heute über vier deutsche A-Nationalspieler sowie drei U-21-Nationalspieler. Dazu kommen sieben Auswahlspieler anderer Nationen. Zudem wurde Dennis Diekmeier U-19-Europameister, und wir gehören mit unserem U-23-Team der neuen eingleisigen 3. Liga an, was sonst nur noch die zweiten Mannschaften des FC Bayern München und des VfB Stuttgart schafften. Werder Bremen verfügt also über ein tragfähiges Fundament.

**Und wir sind bestens** verankert in der großen Fußball-Familie. So wurden wir Mitglied in der neu gegründeten europäischen Clubvereinigung ECA (European Club Association), die nun als einziges Organ die Interessen der international spielenden europäischen Clubs wahrnimmt. Auf nationaler Ebene sind wir im Aufsichtsrat der Deutschen Fußball-Liga (DFL) und im Vorstand des Deutschen Fußball-Bunds (DFB) personell vertreten.

**Nicht nur den Aktivitäten** unserer Fußball-Profis wird regelmäßig große Aufmerksamkeit zuteil, auch neben dem Platz genießt Werder Bremen hohe Wertschätzung. So wurde unsere Anti-Rassismus- und Anti-Diskriminierungs-Kampagne vom DFB mit dem Julius-Hirsch-Preis ausgezeichnet. Vor allem die Aktion in Bochum, als Werder-Fans gegen eine Gruppe Rechtsradikaler Zivilcourage zeigten, hat deutlich gemacht, dass der von uns initiierte Fan-Ethik-Kodex aktiv gelebt wird.

**Inzwischen ist auch** der Umbau des Weser-Stadion in Angriff genommen worden. Die Geraden bekommen zunächst ein neues Dach, im Sommer 2009 werden dann die Westkurve und ein Jahr später die Ostkurve jeweils zu Geraden umgebaut. Wir freuen uns schon jetzt auf eine attraktive, reine Fußball-Arena, deren Dach und die neue Fassade zudem mit Photovoltaik-Zellen zur umweltfreundlichen Erzeugung erneuerbarer Energie ausgerüstet werden. Für mögliche Unannehmlichkeiten bitten wir Sie um Verständnis und hoffen, Sie dafür in der Zukunft mit erfolgreichem Fußball und noch mehr gastronomischem und sanitärem Komfort begeistern zu können.

**Wir bedanken uns** für Ihre Unterstützung. Das Erreichte zu stabilisieren, ist eine anspruchsvolle Aufgabe und braucht alle Kräfte.

*Im Namen der Geschäftsführung*

*Ihr Jürgen L. Born*
*Vorsitzender der Geschäftsführung*
*Werder Bremen*

ANPFIFF

ALLES KOPFSACHE

Jack Wolfs

IM EINSATZ

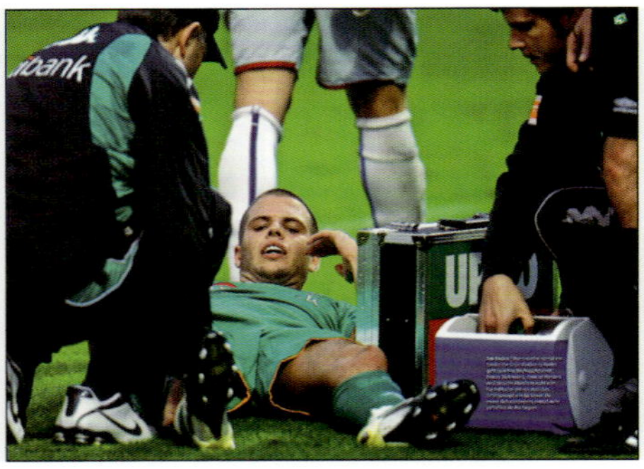

11 FREUNDE …

ROSENBERG
9
WERDER BREMEN

FREUDENHAUS …

# Das offizielle WERDER BREMEN Jahrbuch 2008 / 09

**Die packendsten Augenblicke des Jahres!**

## Werder in Bildern



## Service



## Wer ist wer?



## Impressum


**Herausgeber:**
Werder Bremen GmbH & Co KG aA,
Franz-Böhmert-Str. 1c, 28205 Bremen
**Mediendirektor:** Tino Polster, V. i. S. d. P.
**Redaktionelle Leitung:** Marita Hanke (Leiterin Publikationen), Thomas Grziwa
**Redaktion:** Martin Lange
**Redaktionelle Mitarbeit:** Enrico Bach
**Fotos:** Getty Images, T. Grziwa, C. Heidmann, imago, maßstab, nordphoto, picture alliance, Pressefoto ULMER, M. Rospek, Sportbild Lampe, M. Stöver, Witters
**Fotoredaktion:**
Marita Hanke, Thomas Grziwa
**Anzeigenleitung:** Oliver Rau
**Gestaltung:** Ulrich Nottrodt
**Lithografie:** Medienhaven GmbH
**Druck:** MüllerDITZEN Druckerei AG

# ANPFIFF

Foto: Getty Images

**Symbolkraft** | Die Werder-Raute – ein mittlerweile weltweit bekanntes Symbol im internationalen Profi-Fußball. Und ein starkes Zeichen der Verbundenheit von Fans und Verein.

OUR WILL IS UNBREAKA
ALERTA
NETWORK
antifascist movement
sektion
SECURITY

**Strahlkraft** | Das Bremer Weser-Stadion und seine weithin sichtbaren charakteristischen Flutlichtmasten – ein faszinierender Ort für Fußball-Partien der Extraklasse. Und eine Arena, die für spannende Duelle und unvergessliche Spiele bekannt ist.

*Foto: Getty Images*

Foto: maßstab / C. Haase

**Gut gelegen und mittendrin** | Das Bremer Weser-Stadion – bundesweit einer der schönsten Standorte für Fußball.

**Königsklasse |** Werder Bremen und die Champions League – schon zum fünften Mal in Folge qualifizierten sich die Grün-Weißen für die international höchste Spielklasse. Und immer wieder sorgen die spannungsgeladenen Partien für Gänsehaut-Atmosphäre im ausverkauften Weser-Stadion.

Foto: nordphoto

UEFA
IPIONS LEAGUE
SONY
PlayStation
citibank

**Ideengeber |** Fußball auf hohem Niveau, allseits respektiertes solides Wirtschaften, ein innovatives Stadionkonzept, ausgezeichnete Nachwuchsarbeit und soziales Engagement: Was Werder und seine Geschäftsführer Klaus Allofs, Jürgen L. Born, Manfred Müller und Klaus-Dieter Fischer (v. li.) anpacken, hat Hand und Fuß. Und Erfolg – auch in den Herzen der Menschen. Laut einer aktuellen Studie ist Werder der sympathischste Bundesliga-Verein. Ein Grund dafür: die konstante und vertrauensvolle Zusammenarbeit in Werders Führungs-Quartett.

*Foto: Carsten Heidmann*

**Gute Figur** | Hingucker sind die Werder-Profis auch außerhalb des Spielfelds. Zumal dann, wenn sie im offiziellen Mannschaftsoutfit posieren, wie hier Frank Baumann, Sebastian Boenisch, Torsten Frings, Naldo, Jurica Vranjes und Peter Niemeyer beim Fototermin der beiden Business-Ausrüster von Werder Bremen, Roy Robson und Mercedes-Schuhe.

*Foto: Carsten Heidmann*

Foto: Getty Images

**Werder macht Spaß** | Es ist eine Grundvoraussetzung für sportlichen Erfolg. Und wer so lange im selben Umfeld wirkt wie Werders sportliche Leitung mit Klaus Allofs und Thomas Schaaf (li.), der muss einfach Spaß daran haben. Bei aller Konzentration auf die tägliche Arbeit: Es gibt diese Momente, in denen man die Freude an der Arbeit deutlich sieht.

Foto: nordphoto

Foto: imago

**Auf den Punkt |** Konzentriert zur Sache zu gehen, seine Fähigkeiten punktgenau abrufen zu können, möglichst ein deutliches Quäntchen mehr Leistung zu bringen als der Gegner – das zeichnet die besten Profis aus. Werder-Torhüter Tim Wiese gehört dazu.

# ALLES KOP

Foto: imago

# FSACHE

**Kopf oder Bauch |** War es tatsächlich Kopfsache oder doch eine Bauchentscheidung? Die Rückkehr von Claudio Pizarro an die Weser gehörte zu den spektakulärsten Transfers dieser Saison. Nach Stationen in München und London jetzt Bremen. Grün-Weiß weckt bei ‚Piza' die besondere Lust am Fußball, die besondere Gier auf Tore und gibt ihm das besondere Gefühl, wieder zu Hause zu sein.

Foto: imago

**Hart zum Ball ...** | ... fair zum Gegner: Naldo ist ein Verteidiger, den die gegnerischen Stürmer nicht nur respektieren, sondern fürchten. Nicht wegen zu harten Einsteigens im Zweikampf, sondern vor allem deshalb, weil er die meisten Situationen mit gutem Überblick, Timing und spielerischer Intelligenz zu lösen weiß. Naldo unterbindet gegnerische Aktionen mit Eleganz, sieht selten gelbe Karten. Das macht ihn zu einem beispielhaften Vertreter der DFB-Aktion ‚Fair ist mehr'. Welche Kraft er dennoch in den Fußball investiert, bekommt nicht nur in dieser Szene das Spielgerät zu spüren.

Foto: imago

**Allrounder |** Fußball mit Hand und Fuß … und Köpfchen: Frank Baumann weiß auf dem Platz alle Körperteile einzusetzen. Werders Mannschaftskapitän gibt die Richtung vor, glänzt fußballerisch, kann ein Spiel hervorragend ‚lesen' und mit seinen Pässen schnell machen.

*Foto: nordphoto*

**Integrationsbeauftragter** | Frank Baumann spielt seit 1999 für Werder, er ist Grün-Weißer durch und durch. Für Neulinge wie Said Husejinovic (re.) ist er deshalb ein wichtiger Ansprechpartner. Ein Fixpunkt im zu Beginn unbekannten Team und in der fremden Umgebung. Er weiß, wie es in Bremen funktioniert. Und er spürt, wann auch mal ‚Streicheleinheiten' nötig sind.

Foto: Witters

Home

**Herzlichkeit** | „Du hast eine Frisur wie ein Igel." „Und du wie eine Schildkröte." – Bei Werder kommt der Spaß nicht zu kurz. Auch nicht, wenn man um eine Position konkurriert. Egal, ob man Österreicher ist wie Sebastian Prödl oder Brasilianer wie Naldo. Egal, wie lange man schon dabei ist. ‚Igel' und ‚Schildkröte' sind füreinander da.

Foto: imago

T · · Home

**Mein Freund, der Ball** | Werder Bremen ist eine Mannschaft, die als ballsicher, bisweilen gar virtuos gilt. Hier spielt niemand, der mit der Kugel nicht umzugehen weiß. Bei all dem professionellen Umgang mit dem Spielgerät pflegt jeder einzelne auch eine ganz persönliche, intime Beziehung zum Ball. So wie Clemens Fritz und Boubacar Sanogo. Man hat Spaß mit ihm. Zeigt gemeinsam einstudierte Kunststücke. Lässt ihn tanzen. Und hat ihn dennoch ständig im Blick.

Foto: imago

Foto: Getty Images

Foto: Sportbild Lampe

**Verdienter Lohn** | Tim Wiese hat geschuftet. Er hat sich gequält. Er hat an sich gearbeitet und sich weiterentwickelt. Im Sommer dieses Jahres hat er seine Ernährung und sein Training umgestellt, hat zehn Kilo abgenommen, ist fitter denn je. Es hat sich gelohnt. Wiese spielte sich in den Kader der Nationalmannschaft und trug bei Oliver Kahns Abschiedsspiel in München 45 Minuten lang den Adler auf der Brust. Er hat sich in Position gebracht. Er lauert. Er fliegt. Er hält. Und wird sicher auch in der Nationalmannschaft weitere Chancen bekommen.

citibank
Kappa
Jack Wolfs

**Absicherung** | Werders Kader ist groß und eng beisammen: Vor allem im Tor lassen sich Verletzungen gut ‚abfedern'. So wie beispielsweise mit Christian Vander – der hochwertigen Absicherung für Tim Wiese. Ein Backup, auf das man sich verlassen kann. Auch auf der großen europäischen Bühne wie gegen Real Madrid oder bei Panathinaikos Athen. In Griechenland trotzte Werders beeindruckend sicherer Torwart gar unfairen Laserpointer-Attacken aus dem Publikum. Und hielt sein Team mit tollen Paraden im Spiel.

*Foto: Sportbild Lampe*

citibank
citibank
DERBYSTAR

**Volle Konzentration |** Gelassenheit ist eine Eigenschaft, die wie alle Torhüter bei Werder auch Nico Pellatz auszeichnet. In seinem Job geht es darum, stets den Überblick zu behalten, sich nicht aus der Ruhe bringen zu lassen, Eindruck auf die Gegner zu machen. Alles gilt der Vorbereitung für den einen Moment, in dem der allerletzte Mann von seinen zehn Kollegen gebraucht wird. Alles gilt der Reaktion. Dem Reflex. Der Parade.
Sich darauf zu konzentrieren – das ist die Kunst. Werders Keeper beherrschen sie. Auch wenn mal was schief geht und sich der Blick nach hinten ins Netz richtet. Dann ist Vertrauen in sich selbst gefragt. Und das Wissen darum, Teil eines Teams zu sein.

*Foto: Getty Images*

# IM EINSATZ

**Auf Ballhöhe** | Manchmal ist es gar nicht so einfach, auf Höhe des Balls zu sein, denn der ist ein verdammt schnelles Ding, dreht seine eigene Bahn. Und so müssen die Profis mitunter wahre Verrenkungen aufführen, um das runde Flugobjekt zu verfolgen. Auch Per Mertesacker kann ‚ein Lied davon singen' …

Foto: Pressefoto ULMER

**Nicht nachlassen** | Fußball verzeiht keine Fehler. Erfahrene Profis wie Frank Baumann wissen das und versuchen deswegen, in jedem Spiel immer wieder aufs Neue alles zu geben.

Foto: nordphoto

**Energisch** | Es war ein Ausdruck seines noch immer unbändigen Ehrgeizes und seines großen Kämpferherzes: Torsten Frings wurmte es, dass er bei der Nationalmannschaft im Oktober gleich zwei Mal hintereinander auf der Bank saß. 78 Länderspiele hatte er bis dahin absolviert, und es dürfen aus seiner Sicht gerne noch ein paar hinzukommen. Keine Frage: Frings hat die Leader-Qualitäten, die Werder braucht, um den erfolgreichen Weg der vergangenen Jahre weiterzugehen und die auch für das DFB-Team auf dem Weg zur WM 2010 eine wertvolle Hilfe sein können.

*Foto: picture alliance*

molten

Foto: Pressefoto ULMER

**Anmutig** | Wie an Marionetten-Schnüren aufgehängt scheinen Naldo und sein Gegenspieler von Anorthosis Famagusta, dem Champions-League-Debütanten aus Zypern, hier durchs Weser-Stadion zu schweben. Doch Werders brasilianischer Innenverteidiger braucht keine Steuerung durch unsichtbare Mächte. Mit seiner geschmeidigen Spielweise ist er nicht nur erfolgreich sondern auch noch schön anzusehen.

Foto: Getty Images

**Quereinsteiger** | Das Fußballer-Leben ist voller Überraschungen, und viele laufen in Sekundenbruchteilen ab, nur von der Kamera festgehalten. So passiert es, dass einer wie Werders Markus Rosenberg durch die Luft fliegt und dennoch instinktiv nach dem Ball tritt. Ein richtiger Profi lässt eben nichts unversucht.

Foto: imago

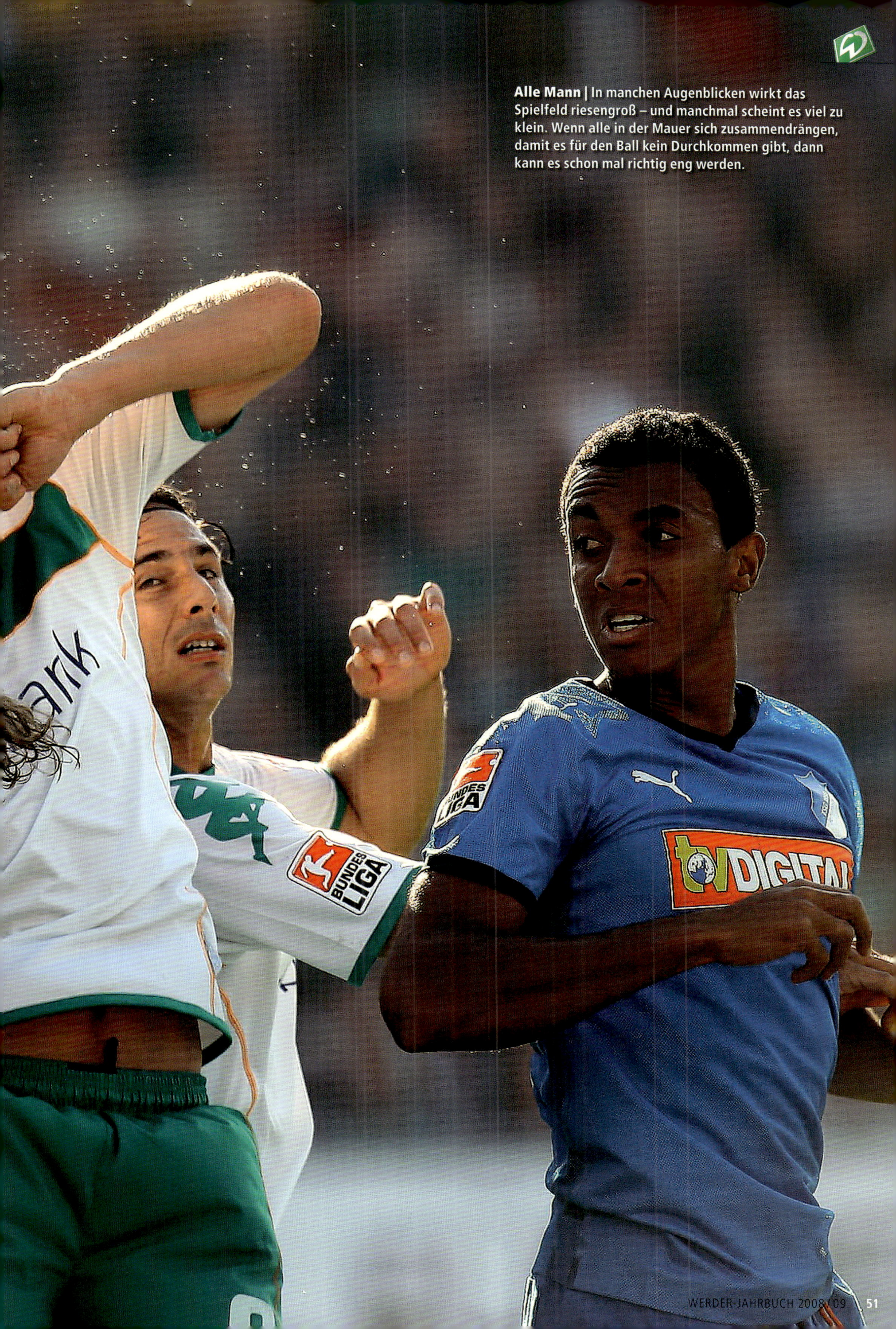


**Alle Mann** | In manchen Augenblicken wirkt das Spielfeld riesengroß – und manchmal scheint es viel zu klein. Wenn alle in der Mauer sich zusammendrängen, damit es für den Ball kein Durchkommen gibt, dann kann es schon mal richtig eng werden.

**Objekt der Begierde |** Wer ihn hat, gibt ihn nicht mehr her. Wer ihn nicht hat, will ihn ergattern. Alle Augen sind auf den Ball gerichtet.
Mesut Özil (Foto re.) gehört zu den Profis, die besonders schwer vom runden Spielgerät zu trennen sind. Ihm ‚gehorcht' der Ball – egal, ob eng am Fuß geführt oder mit einem sehenswerten Pass zum Mitspieler befördert. Derweil ist Petri Pasanen ein gewiefter Eroberer: Kein Gegenspieler sollte sich des Ballbesitzes zu sicher sein, wenn Werders Finne in der Nähe ist.

*Foto: imago*

Foto: Pressefoto ULMER

Foto: picture alliance

Foto: Thomas Grziwa / DocuMoments.de

**Achtung!** | Das kann ins Auge gehen, scheint Cheftrainer Thomas Schaaf zu signalisieren. Im eigenen Strafraum haben gleich neun grün-weiße Feldspieler Position bezogen, lauern auf den Ball, der gleich auf sie zu rast – eine flüchtige Szene nur, aber durch das Teleobjektiv des Fotografen zu einer eindrucksvollen Momentaufnahme verdichtet.

**Akrobatisch |** Erwischt er ihn noch? Entwischt er ihm etwa? Was im Training (hier Werder-Torwart Sebastian Mielitz) als akrobatische Einlage auch seine sportlichen Reize hat, wird in den wichtigen Spielen zu einer Frage, bei der vor allem Zählbares interessiert. Und da entscheiden oftmals nur wenige Zentimeter, vielleicht die Länge einer Fingerkuppe.

Foto: nordphoto

Foto: picture alliance

**Dampf ablassen** | Werders Profis wie hier Per Mertesacker stehen auf dem Platz immer unter Hochdruck. Und nach einem gelungenen Spiel, wenn die drei Punkte eingefahren sind und die Last abfällt, dann bietet sich mitunter ein symbolträchtiges Bild …

Fotos: imago

**Balance halten** | Jurica Vranjes und Aaron Hunt (re.) versuchen, Körper und Ball im optimalen Verhältnis auszutarieren. Gute Körperbeherrschung und sensible Ballbehandlung sind dabei gefragt.
Die Balance zu halten, ist auch ein wichtiges Ziel der gesamten Mannschaft: Begeisternde Offensive und sichere Defensive sind dabei in Einklang zu bringen. Beides zu optimieren, ohne dabei das andere zu vernachlässigen – das ist das ständige Bestreben.

Kappa
JAKO
JAKO
JAKO

Foto: imago

Foto: nordphoto

**Dynamische Linke |** Keine Frage – das Potenzial, auf Werders linker Seite für mächtig Wirbel zu sorgen, haben beide: Dusko Tosic und Sebastian Boenisch gehören zur raren Spezies ‚Linksfüßer' und sind daher grundsätzlich besonders wertvoll. Doch noch sind beide nicht am Limit angelangt. Sowohl der serbische Nationalspieler als auch der deutsche U-21-Nationalspieler können noch ‚eine Schippe drauflegen'.

Kommen wir nun zu den schönsten
Artikeln in diesem Buch.

Foto: picture alliance

Foto: imago

**Ein Tänzchen, bitte |** Hugo Almeida weicht dem Schuss von Torsten Frings aus (oben). Peter Niemeyer wird vom Ball zu einem Tänzchen gebeten.

Fotos: imago

**Grün-weiße Zukunft** | Talente frühzeitig ausfindig zu machen und dann bei Werder weiter zu fördern – das ist eine Stärke der Grün-Weißen: Niklas Andersen, Philipp Bargfrede, Max Kruse (linke Reihe, von oben), Martin Harnik und Sebastian Prödl – keiner ist älter als 21, alle arbeiten an einer erfolgreichen grün-weißen Zukunft.

# AUA!

Foto: Witters

**Pechvogel** | Es gibt Fußballer, die gehen zu Boden, schütteln sich kurz, stehen wieder auf und spielen weiter. Und es gibt die, deren Körper immer wieder kleine oder größere Verletzungen verdauen müssen. Daniel Jensen gehört zu den Letztgenannten. Regelmäßig musste der dänische Nationalspieler in seinen mittlerweile mehr als vier Werder-Jahren pausieren. Doch immer wieder kämpfte er sich zurück und bewies, wie wertvoll er für das Team ist.

**Trostspender? |** Werders Diego ist für viele Gegenspieler ein bevorzugtes Objekt. Kaum ein anderer Fußball-Profi wird so häufig gefoult wie der wendige Werderaner. Da kommt es mehr als einmal vor, dass Begegnungen äußerst schmerzhafter Natur sind. Hier scheint es, als müsse selbst Cheftrainer Thomas Schaaf Trost spenden. Tatsächlich war die Szene vor Entstehung dieses Fotos jedoch viel erfreulicher und Grund zum Jubeln: Diego erzielte im Heimspiel gegen Energie Cottbus einen sehenswerten Treffer.

Foto: imago

**Ellenbogen-Gesellschaft** | Werders Innenverteidiger Naldo geht es hier im Testspiel gegen den FC St. Gallen im wahrsten Sinne des Wortes ‚an den Kragen'. Derweil blicken Daniel Jensen und Torsten Frings (Foto re.) einem gegnerischen Freistoß entgegen und erwarten offensichtlich ein gefährliches Geschoss, das den eigenen Körper zu einem überaus schützenswerten Objekt macht.

Foto: imago

Foto: Witters

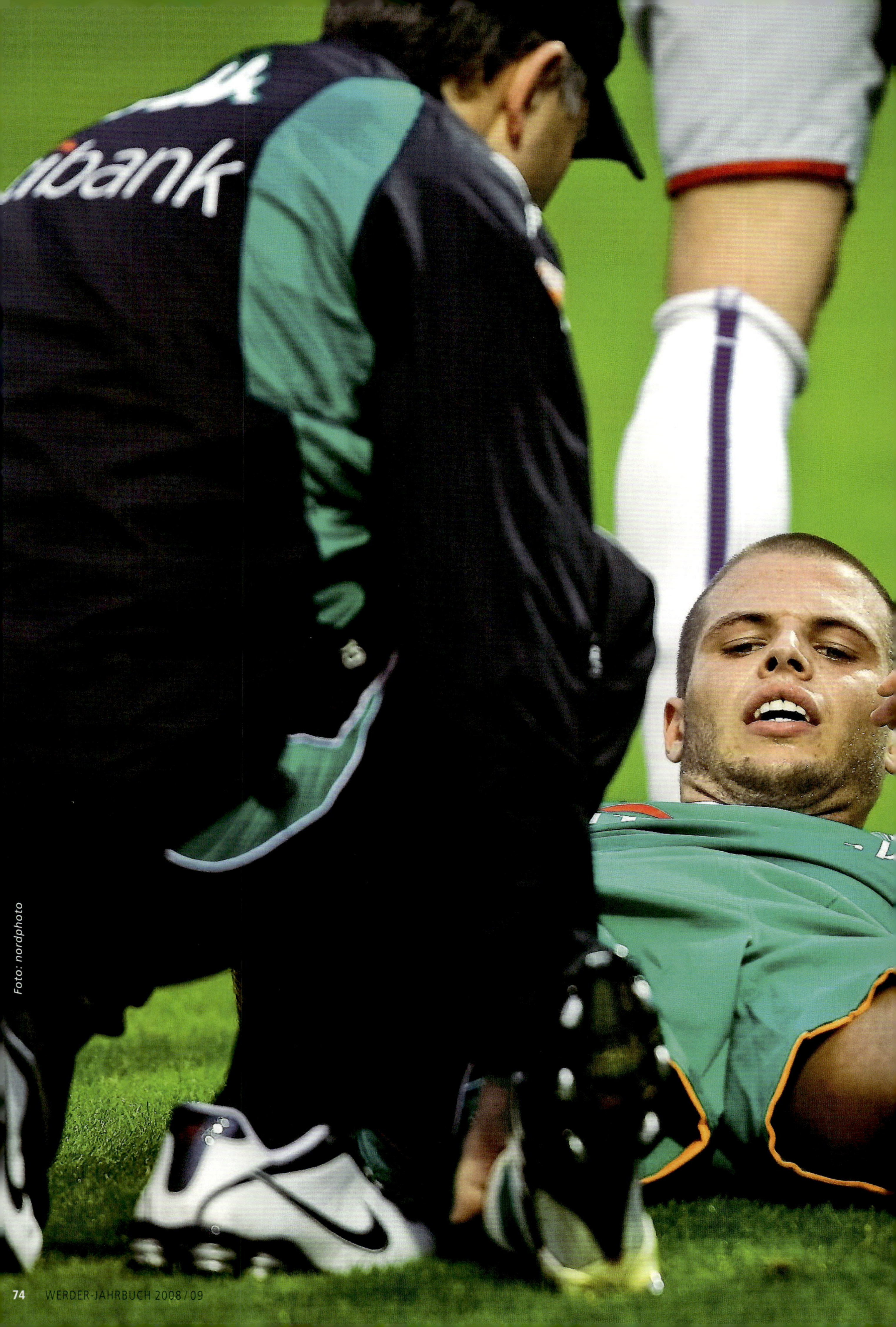

Foto: nordphoto

**Am Boden |** Wenn wieder einmal ein Spieler der Grün-Weißen zu Boden geht (wie hier Nachwuchstalent Dennis Diekmeier), dann ist Werders medizinische Abteilung nicht weit. Für Fußballer gilt ein ähnliches Erfolgsrezept wie für Boxer: Du musst dich mindestens einmal mehr aufraffen als der Gegner.

# 11 FREUNDE

Foto: imago

**Seite an Seite** | Es ist nichts Neues, aber doch immer wieder der beeindruckende Ausdruck eines ausgeglichenen, torhungrigen Kaders: Werder ist in der Bundesliga die Mannschaft mit den meisten Torschützen. Zehn Spieler der Grün-Weißen, darunter auch Boubacar Sanogo und Claudio Pizarro, erzielten in der laufenden Saison bis zum 13. Spieltag jeweils mindestens einen Treffer. Kein anderes Team wies einen besseren Wert auf. Gemeinsam, nicht jeder für sich – das ist auch beim Tore schießen Werders Motto.

**XXL-Verteidiger** | Sie gehören zu den Längsten in Werders Bundesliga-Mannschaft: Naldo, Sebastian Prödl und Per Mertesacker. Ihre aufgrund der Körpergröße fast logische Bestimmung: Innenverteidiger. Dabei agieren die Werderaner so geschickt bei der Eroberung des Balles, dass es für ihre Gegner manchmal den Anschein hat, als würden sie beim Tackling von mehr als zwei Beinen bekämpft. Dass Per Mertesacker aber sogar zwei zusätzliche Arme gewachsen sind, täuscht nur die Perspektive auf diesem Foto vor.

Foto: Getty Images

Foto: imago

Foto: Witters

**Auf und ab, hoch und runter |** Was hier Sebastian Prödl, Torsten Frings und Boubacar Sanogo (v. li.) im Training als Kräftigungsübung dient, steht symbolisch für die erste Hälfte der laufenden Saison. Es ging auf wie beim 5:2 in München, beim 5:1 gegen Berlin, beim 9:3 in Nordhorn oder auch beim 1:1 in Mailand – und ab wie beim 1:4 in Stuttgart, beim 2:3 in Mönchengladbach oder beim 0:3 gegen Athen. Konstanz, das Leistungsniveau in großer Höhe dauerhaft zu konservieren – so lautet das ständige Ziel.

**Verbindend** | Da scheint selbst Diego zu staunen: Martin Harnik ist das gelungen, was viele Gegner der Grün-Weißen bereits vergeblich versuchten – Mesut Özil ‚an die Kette zu legen', den quirligen Mittelfeldspieler in seinem fußballerischen Entfaltungsdrang zu bändigen. Özil bewies in der ersten Hälfte der Saison 2008/09 seine außergewöhnlichen Fähigkeiten. Unter anderem drei sehenswerte Bundesliga-Tore trugen dazu bei, dass der 20 Jahre alte U-21-Nationalspieler zum ‚Fußballer des Monats September' gewählt wurde.

*Fotos: picture alliance*

citibank
Kappa
BELUGA
citibank
citibank
citibank

**In der Ruhe liegt die Kraft** | Auf dem Platz voll konzentriert, energisch und zielstrebig – außerhalb locker, sympathisch, ausgeglichen und fast immer gut gelaunt. Wie macht Claudio Pizarro das nur? Sind etwa Yoga und Meditation sein Erfolgsgeheimnis? Dieser Trainings-Schnappschuss lässt das zumindest vermuten.

*Foto: nordphoto*

Foto: imago

**Listiger Finne |** „Hör mal, Trainer, bei uns in Finnland geht man bei diesem Wetter gemütlich in die Sauna …!" Der genaue Wortlaut dieses Dialogs am Spielfeldrand zwischen Petri Pasanen und Cheftrainer Thomas Schaaf ist zwar nicht überliefert, es dürfte jedoch eher um Fußball als um nordeuropäische Freizeitgestaltung gegangen sein. Pasanen, der zu den dienstältesten Werder-Profis gehört, ist nach mittlerweile mehr als vier Jahren in Bremen an der Weser heimisch geworden und fühlt sich so wohl, dass er seinen Vertrag vor einigen Monaten bis zum Jahr 2011 verlängerte.

Foto: imago

**Seht her |** … ich trage die Raute auf der Brust! Mesut Özil ist einer der vielen jungen und talentierten Spieler, die in Bremen die besten Chancen sehen, sich sportlich und persönlich auf hohem Niveau weiter zu entwickeln – im Kreise erfahrener Profis.

# FREUDEN

Foto: Pressefoto ULMER

# HAUS...

**So ein Tag, so wunderschön wie heute |** Am Ende gab's zum Anstoßen ein paar VILSA-Flaschen. Ausgelassen feierten die Grün-Weißen den denkwürdigen Erfolg in München – mit 5:2 enterte die Mannschaft am 20. 09. 2008 die Allianz-Arena. Es war der erste Sieg in München, seit Werder im Jahr 2004 den Gewinn des Meistertitels in der bayerischen Landeshauptstadt, damals noch im Olympiastadion, perfekt gemacht hatte.

**Achtung, Jubel |** Wenn der Ball im Netz ist, wird's richtig gefährlich – sie kommen von links und rechts, von vorne und hinten und sogar von oben: Hier bekommt gerade Torsten Frings die Freude der Mitspieler zu spüren. Nur der Arm des Nationalspielers, zu erkennen an der markanten Tätowierung, guckt noch aus der grün-weißen Jubeltraube hervor. In der Saison 2007/08 erzielte Werder erneut die meisten Treffer aller Bundesliga-Teams – zum dritten Mal in Folge. Und auch in der laufenden Spielzeit produziert die grün-weiße Torfabrik wie am Fließband.

*Foto: Getty Images*

citibank

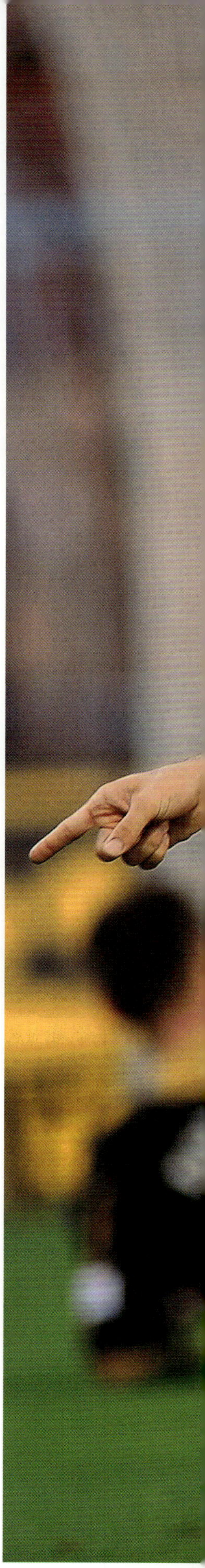

Fotos: imago

**Zunge raus, Mund auf |** … und fertig machen zum Jubeln. Ekstatisch oder zurückhaltend, laut oder leise, gestenreich oder in sich gekehrt: Fußballer kennen viele Möglichkeiten, um ihrer Freude über Treffer und Siege Ausdruck zu verleihen. Hugo Almeida bevorzugt hier die spitzbübische Variante, Diego die Ausreißer-Version des Jubels. Mitspieler Sebastian Boenisch hat die Verfolgung aufgenommen.

# DER 12. MA

Foto: Martin Rospe

# NN...

**„Seid umschlungen…“** | Was wären die Spieler ohne ihre Nummer 12? Es herrschte wohl eine eher gespenstische Atmosphäre, wenn 22 Profis auf den Platz liefen, und die Ränge wären leer. So aber können sich die Werderaner – egal, welche Rückennummer sie tragen – über lautstarke und phantasievolle Unterstützung aus Tausenden von Kehlen freuen. Der ‚12. Mann' steht hinter euch! Ein beruhigendes Gefühl und zugleich eine unschätzbar wichtige Anfeuerung auf dem Weg an die Spitze.

**Zeigt den Werder-Schal!** | Es ist immer wieder ein ‚Gänsehaut'-Gefühl, wenn Tausende von Fans ihre sichtbaren Zeichen der Verbundenheit mit Werder Bremen fast wie ein Mann präsentieren. Ein Meer grün-weißer Schals symbolisiert den hohen Stellenwert, den der Club genießt, und unterstreicht eindrucksvoll den Leitspruch von Anhängern und Profis gleichermaßen: 100 % Werder.

Foto: Thomas Grziwa / DocuMoments.de

Fotos: Getty Images

**Mitfiebern** | Fan von Anfang an: Werder Bremen wirkt auf alle attraktiv – auf die ganz jungen und auf die schon etwas älteren Menschen. Es ist faszinierend zu sehen, mit wie viel Fantasie viele Fans bei ihrer Leidenschaft zu Werke gehen. Das Gesicht als Werder-Raute geschminkt – mehr Ausdrucksstärke geht eigentlich nicht.

Fotos: Thomas Grziwa | DocuMoments.de

Foto: Getty Images

Foto: Thomas Grziwa / DocuMoments.de

**Bandbreite |** Die ganze Vielfalt der Fan-Szene erschließt sich dem, der im Innenraum des Bremer Weser-Stadion einen Rundgang machen kann. Und wenn dabei noch Fotos entstehen, wird schnell klar: Werder Bremen wirkt 100 % anziehend.

# ANSICHTS-SACHE

Foto: Getty Images

**Blickwinkel |** Das Phänomen Werder Bremen lässt sich nicht so einfach beschreiben. Aber es gibt viele Fotos, in denen deutlich wird: Das ist Werder! So wie beispielsweise bei Boubacar Sanogo, der scheinbar gedankenverloren das Spielgeschehen verfolgt. Oder bei den Bremer Polizeibeamten, die im Weser-Stadion nur selten eingreifen müssen und daher durchaus mal einen Blick auf die Arena genießen können. Das WERDER-Jahrbuch präsentiert jedes Jahr aufs Neue die packendsten Bilder, in bewegenden Szenen und aus allen Winkeln.

Foto: Thomas Grziwa / DocuMoments.de

Jetzt geht's looos...! AIRPORT BREMEN
WESER KURIER
Deutsche ProVentus AG
Volkswagen. Das Auto.
AIRPORT BREMEN
Werder zum Frühstück!
citibank
POLIZEI
POLIZEI
POLIZEI

Foto: Carsten Heidmann

Foto: nordphoto

**Fitmacher** | Ob Sonne oder Schnee – Werders Trainer-Team kennt ‚kein Erbarmen': Bei Wind und Wetter geht es auf den Platz. Chefcoach Thomas Schaaf (2. v. re.), Matthias Hönerbach, Michael Kraft, Wolfgang Rolff und Yann-Benjamin Kugel (v. li.) arbeiten mit den Profis – ehrgeizig, ruhig und besonnen. Und sie bleiben ihrer Linie treu, lassen sich vom Erfolg nicht blenden und von Niederlagen nicht umwerfen. Egal, ob gerade sportlicher Sonnenschein herrscht oder mal ein paar Wolken durchs Werder-Land ziehen.

Foto: imago

**Beidseitig stark |** Dieses Mal hat er im Westen eingeschlagen: Der Ball zappelt im Netz. Diego, der am rechten Bildrand zum Jubeln abdreht, hat ihn in die Maschen befördert. Torgefährlich sind die Grün-Weißen auf beiden Seiten. Stürmt die Mannschaft auf den Kasten vor der Westkurve, so haben die Spieler die Schubkraft der Fans in der Ostkurve im Rücken. Greift das Team in Richtung Osten an, so muss der gegnerische Torwart nicht nur das Geschehen vor sich im Auge haben, sondern spürt zugleich den heißen Atem der grün-weißen Anfeuerung im Rücken.

**Heimspiel für die Zukunft |** Das ‚neue' Weser-Stadion setzt Maßstäbe für Sport, Architektur und Energietechnik. Herzstück ist die hochmoderne Photovoltaik-Anlage, die sich in der eleganten Fassade und auf dem zukünftigen Dach der Arena harmonisch ins Baukonzept einfügt. Ihre Fläche wird etwa zwei Fußballfelder groß sein – die Solarzellen erzeugen jährlich bis zu 750.000 Kilowattstunden Strom und speisen somit den Bedarf von 200 Haushalten ins öffentliche Netz ein. Auch die Aufenthaltsqualität für die Fans wird zukunftsweisend weiter verbessert: Die Kurvenbereiche werden an das Spielfeld herangezogen, alle Plätze überdacht und die Infrastruktur des Stadions ausgebaut – für mehr Komfort und eine noch dichtere Atmosphäre.

Grafik: maßstab / C. Haase

# NEUE

# HEIMAT!

www.lohnzich.de

# Sponsoren-Pool

citibank

HAUPTSPONSOR

BELUGA SHIPPING · Kappa · VW

TOP-SPONSOREN

Coca-Cola · EWE TEL

InBev · DB Mobility Networks Logistics · Könecke Prima Wurst.

CO-SPONSOREN

BLG LOGISTICS · VILSA BRUNNEN

KRAFT · RENO MODE, MARKEN UND MEHR. · DERBYSTAR THE BALL

PARTNER-SPONSOREN

HOL'AB! Getränke Markt · BAUHAUS · Deutsche ProVentus AG · MEYERHOFF · BELUGA SHIPPING

Basler Versicherungen · EWE TEL · swb · Hit-Radio antenne · EGBERT WILTS GROSSHANDEL · OHB TECHNOLOGY

TEAM 11-SPONSOREN

CONRAD · OLT · ROY ROBSON · CAPAROL

REGIO-SPONSOREN

CINEMAXX Der Filmpalast · AOK Die Gesundheitskasse. · LANGNESE · Mercedes · uhlsport precisionfootball · STARS

SUPPLIER

WESER STADION

HEIMSPIEL FÜR DIE ZUKUNFT.
Mit EWE und swb.

# Top-Sponsoren

## Erfolgreiche Partnerschaft

**Seit der Saison 2007/2008** ist die Citibank Hauptsponsor von Werder Bremen. Und die Bilanz fällt uneingeschränkt positiv aus! Wie Umfragen zeigen, ist die Citibank als Fußballsponsor in der Bevölkerung mit zehn Prozent bekannter als andere Sportsponsoren aus dem Bereich der Finanzdienstleistungen. Gemeinsam mit der Deutschen Bank belegt sie im Bekanntheitsgrad Platz drei hinter der Allianz und den Sparkassen.

**Zurückzuführen ist dieser gute Wert** unter anderem auf die hohe Zahl der Werbekontakte in der vergangenen Saison: Allein im TV war die Citibank durch ihr Sponsoring-Engagement bei Werder Bremen mehr als 116 Stunden zu sehen, die Gesamtzahl der Kontakte in TV-, Print- und Online-Medien betrug 2,6 Milliarden. Auch die Kampagne mit Geschäftsführer Klaus Allofs und Nationalspieler Torsten Frings sorgte für ein deutliches Aufmerksamkeitsplus. Profitieren konnte die Citibank zudem vom konstant hohen Beliebtheitswert der Werderaner: Bei der jüngsten Erhebung waren die Grün-Weißen mit 76 Prozent aller Befragten erneut sympathischster Bundesliga-Verein.

**Neben zahlreichen weiteren Aktionen** stellt die Citibank bei jedem Heimspiel 500 Euro für die Wahl zu Werders ‚Citibank Man of the Match' zur Verfügung. Die anwesenden Journalisten wählen jeweils den ihrer Meinung nach besten Spieler der Grün-Weißen. Die ausgezeichneten Profis stiften den Betrag karitativen Zwecken.

## Leidenschaft, die bewegt: Volkswagen und Werder Bremen

**Seit Beginn der Saison 2008/2009** ist die Marke ‚Volkswagen' offizieller Automobilpartner und Top-Sponsor von Werder Bremen. Im Rahmen dieser Partnerschaft stattet der Wolfsburger Automobilbauer die Bundesliga-Mannschaft und die Geschäftsführung des Clubs mit einem exklusiven Volkswagen-Fuhrpark aus. Für die zahlreichen Fans hat Volkswagen den Polo ‚Werder Edition' aufgelegt.

**„Unsere Kooperation mit Werder Bremen** steht unter dem Motto ‚Leidenschaft, die bewegt'. Mit dem Polo ‚Werder Edition' machen wir dieses Motto im wahrsten Sinne des Wortes für alle Fans erfahrbar", erläutert Anke Köckler, Regionalleitung Nord der Volkswagen AG. „Das sportliche Sondermodell unseres Verkaufsschlagers Polo besticht durch das große ‚Werder-Tattoo' im Bereich der C-Säule und sein bundesligataugliches Ausstattungspaket."

**Mit seiner speziell für die Fans** interessanten Ausstattung und einem attraktiven Preis hat das Sondermodell Kultpotenzial: Neben der Außenbeklebung mit dem ‚Werder-Tattoo' lässt auch die sportliche Innenraumgestaltung mit dem Schriftzug ‚Werder Edition' auf Einstiegsleiste, Lenkradspange und Schalthebelknauf die Herzen der grün-weißen Fans höher schlagen. Und auch auf den Fußmatten und den Kopfstützen findet sich das Werder-Logo.

**„Mit unserem Engagement bei Werder Bremen** wollen wir uns in dieser Region noch attraktiver aufstellen", sagt Lutz Kothe, Leiter Sponsoring, Kooperationen, Messen und Events bei Volkswagen. „Wir freuen uns über die Zusammenarbeit mit diesem ebenso erfolgreichen wie sympathischen Club. Die Mannschaft steht für Teamgeist, sportliche Höchstleistungen und perfekte Technik – Werte, die im übertragenen Sinne auch unsere Fahrzeuge verkörpern."

## Werder Bremen und KAPPA: eine hautnahe Beziehung

**Seit bereits neun Spielzeiten ist KAPPA** offizieller Ausrüster von Werder Bremen. Der Erfolg der langjährigen Partnerschaft ist in der engen und konstruktiven Zusammenarbeit bei der Entwicklung der Spiel-, Trainings- und Freizeitausstattung begründet. Bis zum Ende der Saison 2008/2009 werden wir diesen Weg gemeinsam weitergehen.

**Auffällig waren schon im Jahr 2000** die außergewöhnlich innovativen Designideen und die körperbetonte Schnittform der Trikots, die im Laufe der Partnerschaft stetig weiterentwickelt wurden. Mit der nun achten Evolutionsstufe der Werder-Trikots mit dem bezeichnenden Namen ‚Kool Kombat' zählt dieser Artikel bei den Fans zu den begehrtesten Sammlerobjekten.

**Heute rüstet KAPPA mehr als 40** internationale Fußball-Teams aus, unter anderen AS Rom, Sampdoria Genua, Betis Sevilla, Feyenoord Rotterdam, FC Kopenhagen und Partizan Belgrad. Die Nationalmannschaft von Jamaica kämpft im KAPPA-Outfit um die Qualifikation für internationale Turniere. KAPPA ist außerdem technischer Sponsor in vielen anderen Sportarten, wie Basketball (Serbien und Montenegro), Hockey (Club an der Alster Hamburg, die erfolgreichste Vereinsmannschaft Europas), Rugby, Alpin-Ski, Motorrad-Rennsport, Golf und Segeln (Mascalzone Latino Team).

**Die Sportmodemarke KAPPA wurde in 1967** in Italien gegründet. Das weltweit bekannte Firmenlogo entstand bei einem Fotoshooting, als sich zwei Models, Rücken an Rücken sitzend, vom Studiostress erholten. Heute steht dieses Logo symbolisch für die gegenseitige Fairness und Anerkennung im Sport und bei den alltäglichen Herausforderungen. Als weltweit agierende Sportmodemarke setzt sich KAPPA für diese positive Grundhaltung ein, die mit dem Slogan ‚Bleib sportlich' bzw. ‚be a good sport' kommuniziert wird.

OFFIZIELLER AUSRÜSTER Kappa

## Water is our element. Shipping is our business. Soccer is our passion.

**Werder Bremen und ‚Beluga Shipping'** spielen seit Jahren erfolgreich Doppelpässe. Belugas Schwergutfrachter rauschen über die Meere. Und wenn sie im Weser-Stadion filmisch über die Leinwand fahren, werden sogar Eckstöße zu einer runden Sache.

**Die Partnerschaft hat viele Gründe:** die Nähe von Werders Heimstätte zu Belugas Stammsitz in Bremen an der Weser, der gemeinsame Mut zur kontrollierten Offensive, derselbe Sinn für Kreativität sowie Parallelen in der Geschichte. Werder durchlebte im Dezember 1995 eine schwierige Zeit, die Vereinsführung änderte den Kurs und es ging wieder aufwärts. Ebenfalls im Dezember 1995 legte Niels Stolberg seinen Weg fest und wagte den Schritt in die Selbstständigkeit. Der gebürtige Braker gründete die Projekt- und Schwergutreederei ‚Beluga Shipping GmbH'.

**Werder und Beluga wurden belohnt:** 1999 holten die Grün-Weißen mit Trainer Thomas Schaaf den DFB-Pokal, und für die Reederei kreuzte der erste eigene Neubau die Meere: das MS ‚Werder Bremen'. Heute agieren beide in ihrer Champions League. ‚Beluga Shipping' ist mit gut 60 Spezialschiffen, internationaler Präsenz, 325 Mitarbeitern in Bremen und global mehr als 100 Angestellten der Weltmarktführer im Project- und Heavy-Lift-Bereich.

ICH WILL DICH!
Coach
Infos unter www.werder.de
WERDE MITGLIED!
Da will ich dabei sein.

# Alles für den Fan im Weser-Stadion

Foto: imago

Wuseum
Werder Bremen Museum

**Das Werder-Museum**
**Öffnungszeiten:**
täglich 10.00 – 17.45 Uhr
(an Spieltagen bis 1 Stunde vor Spielbeginn)

**Eintrittspreise:**
- Vollmitglieder 2,50 € (erm. 1,25 €)
- Fördermitglieder 4,00 € (erm. 2,00 €)
- Nichtmitglieder 5,00 € (erm. 2,50 €)
- Ermäßigungen (bei Nachweis mit gültigem Ausweis): Jugendliche bis 18 Jahre, Auszubildende, Wehrdienstleistende, Schüler, Studenten, Schwerbehinderte, Arbeitslose

## Stadionführungen
**(inkl. WUSEUM)**
Marika Diesing
Anmeldung:
Tel.: 0180 5 – 937 337
Fax: 04 21 – 49 05 06
E-Mail: info@werder.de
- Für Gruppen ab 10 Personen
- Erwachsene 4,00 € (erm. 2,00 €)

## Kindergeburtstage
Gestalten Sie den Kindergeburtstag im Weser-Stadion nach Ihren Wünschen:
- Für Kinder im Alter von 5-14 Jahren
- Gruppen ab 10 bis max. 15 Kinder
- Buchbar von Montag bis Freitag
- Geburtstagspakete ab 8,00 € pro Kind inkl. Essen, Trinken, Stadionführung, WUSEUM-Quiz, Torwandschießen, Kickern sowie eine Wunder-Tüte für das Geburtstagskind
- Basteln von Werder-Buttons zusätzlich buchbar

**Dieter Zeiffer**
Fanbeauftragter

## Fanbetreuung
**Fanbeauftragter**
Dieter Zeiffer
Franz-Böhmert-Straße 5
28205 Bremen
Tel.: 04 21 – 49 80 26
Mobil: 01 72 – 426 92 19
E-Mail: dieter.zeiffer@werder-bremen.de
Fax: 04 21 – 499 95 97
(Sprechzeiten nach Vereinbarung)

**Fanzentrum Ostkurvensaal**
Veranstaltungsraum mit Aktivitäten von Fans für Fans. Drei Stunden vor jedem Heimspiel treffen sich hier die Fans von Werder Bremen und die Fans des Gastvereins. Nach den Heimspielen: Fußball-News. Werder-Auswärtsspiele werden auf der Großbildleinwand gezeigt. Räumlichkeiten können für Veranstaltungen gemietet werden.
Verantwortl.: Fan-Projekt Bremen e.V.

**Fan-Projekt Bremen e.V.**
Jugendarbeit mit und für Fans von Werder Bremen
Ansprechpartner:
Manfred Rutkowski, Thomas Hafke, Jens Höhn (Sprechzeiten nach Vereinbarung),
Mädchenarbeit: Susanne Franzmeyer (Sprechzeit: Mi. 17 – 19 Uhr)
Franz-Böhmert-Straße 5
28205 Bremen
Tel.: 04 21 – 49 80 24
Fax: 04 21 – 49 80 25
Internet: www.FanProjektBremen.de
E-Mail: info@FanProjektBremen.de

**Dachverband der Bremer Fanclubs**
Uwe Jahn
Fleetrade 65, 28207 Bremen
Tel.: 04 21 – 49 80 26
Mobil: 01 72 – 400 10 50

## Anfahrt

**Mit öffentlichen Verkehrsmitteln**
Ab Hauptbahnhof: Richtung Sebaldsbrück (Straßenbahnlinie 10); ab Stadtmitte: Richtung Weserwehr (Linie 2 und 3); Sonderbusse aus allen Stadtteilen (Eintrittskarte = Fahrausweis).

**Mit dem Auto**
(A 1) Aus Richtung Hamburg: Ausfahrt Hemelingen; aus Richtung Osnabrück: Ausfahrt Arsten;
(A 27) aus Richtung Bremerhaven und aus Richtung Hannover: Ausfahrt Vahr. Folgen Sie den Hinweisen und nutzen Sie den Park- and Ride-Service der BSAG (überall gut ausgeschildert).
**Siehe Verkehrskonzept, Seite 119**

## Fanartikel

**Werder Bremen Fan-Service GmbH**
Petra Stelljes, Geschäftsführung
Hoerneckestr. 11/13, 28217 Bremen
Tel.: 01 80 5 – 32 67 46
*0,14 €/Min. a. dtsch. Festnetz; ggf. abweichende Preise a.d. Mobilfunknetzen.
Fax: 04 21 – 499 95 97

**Bestelladresse:**
Werder Bremen Fan-Service GmbH
Hoerneckestr. 11/13, 28217 Bremen
Tel.: 01 80 5 – 32 67 46
Fax: 01 80 5 – 00 39 68

**Verkaufsstelle:**
Werder Bremen Fan-Shop
Franz-Böhmert-Straße 1 c
28205 Bremen
Öffnungszeiten: Mo. – Fr.: 9 – 18 Uhr, Sa.: 10 – 15.30 Uhr
bei Heimspielen:
Sa.: ab 11 Uhr, So.: ab 15 Uhr
(jeweils bis ca. 1 Stunde nach Spielende, während des Spiels geschlossen)

# Anreise zum Weser-Stadion

## Die Verkehrswege bei Werder-Heimspielen

**Das Gebiet rund um** das Weser-Stadion wird bei Heimspielen von Werder Bremen 2 1/2 Stunden vor Anstoß bis nach Spielbeginn für Autos gesperrt (s. Abb.). Ausnahmen gelten nur für Anwohner und ansässige Gewerbetreibende mit Berechtigungsausweis. Die Parkplätze 1 bis 6 am Weser-Stadion sind an den Spieltagen gesperrt. Ausnahme: Inhaber besonderer Parkberechtigungen. Außerdem wird der Osterdeich zwischen Sielwall und Stader Straße bis nach Spielschluss gesperrt. **Achtung:** Das Befahren der Karl-Carstens-Brücke (‚Erdbeerbrücke') ist nach Abschluss der Bauarbeiten wieder möglich (siehe Ausrufezeichen in der unteren Grafik).

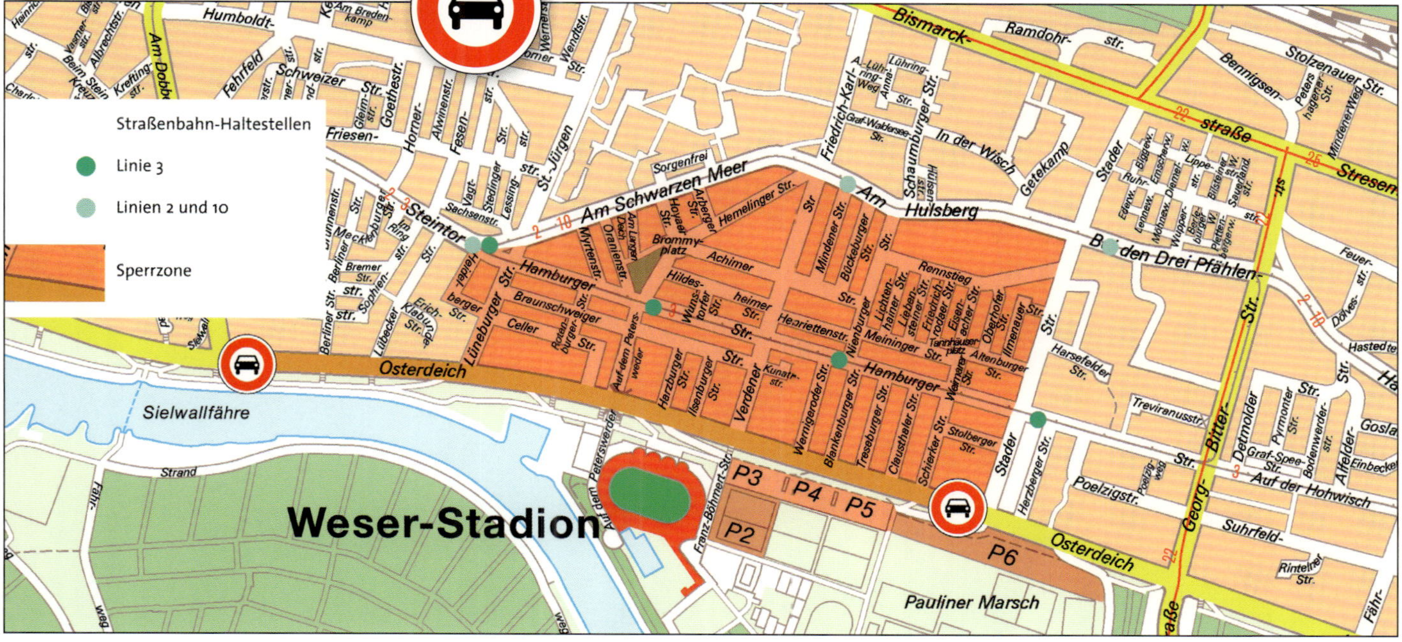


**Für Stadionbesucher mit Autos** stehen Park + Ride-Plätze zur Verfügung, insbesondere in der Überseestadt/Hansator und am Hemelinger Hafen, aber auch an den Endhaltestellen der Straßenbahn-Linien 2 und 10. Außerdem fährt die Sielwall-Fähre wie gewohnt vom Parkplatz Kuhhirten über die Weser zum Osterdeich (Park + Ship). Alle Park + Ride-Angebote sind ausgeschildert (s. Abb.).

**VBN-Ticket im Preis enthalten!**

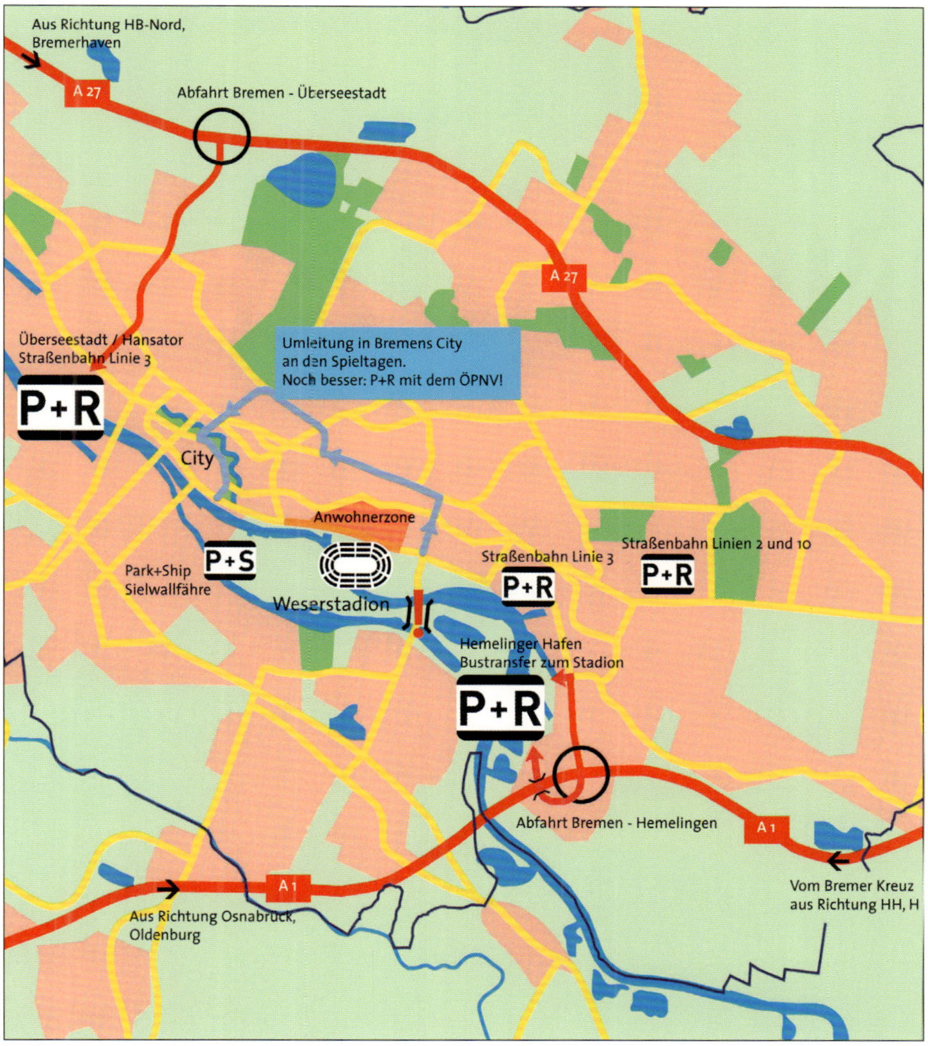


**Die Eintrittskarten gelten** auch in der neuen Saison zusätzlich als Fahrausweis am Spieltag für die Hin- und Rückfahrt zum Stadion im Zeitraum von **6 Stunden** vor Beginn des Spiels bis Betriebsschluss im Gesamtnetz des VBN, also in allen Nahverkehrszügen, Linienbussen und Straßenbahnen im VBN-Land.

VBN

Verkehrsverbund Bremen / Niedersachsen

GESUNDHEIT IN BESTEN HÄNDEN.
AOK
Die Gesundheitskasse.
www.gleicher-beitragssatz.de
NICHT DASSELBE
IN GRÜN!
2009 ist der Beitragssatz bei allen Krankenkassen gleich. Doch Achtung: Die Unterschiede zwischen einem anonymen Direktversicherer und einem regional verwurzelten Gesundheitsversorger sind erheblich. Bei uns bekommen Sie mehr fürs gleiche Geld: Bonus- und Prämientarife, Sonderkonditionen in Fitnessstudios, TÜV-zertifizierten Service und kostenlose Gesundheitskurse.
Jetzt wechseln!

# Werder-Initiativen

## Kampf gegen Gewalt und Diskriminierung

Werder Bremen, das Fan-Projekt Bremen e.V. und der Dachverband Bremer Fan-Clubs haben ein Programm gegen Gewalt und Diskriminierung entwickelt, das mit der Verleihung des ‚Julius-Hirsch-Preises' 2008 durch den DFB eine großartige Bestätigung erhalten hat.
Bisherige Aktionen und Maßnahmen sind unter anderen:

- Verpflichtung aller Trainer, Betreuer und Jugendspieler zum FIFA-Ethik-Kodex, der zu Fair-Play, Anti-Gewalt und Anti-Diskriminierung aufruft
- Trainer, Geschäftsführer und Spieler engagieren sich als Schirmherren für Antirassismus-Kampagnen
- Schaffung eines Antirassismus-Forums im Internet bei www.werder.de
- Ausländische Werder-Spieler stellen den Fans ihr Heimatland vor
- Verbot rechtsradikaler Kleidung im Stadion
- Entwicklung eines Werder-Ethik-Kodex gegen Gewalt und Rassismus
- Verteilaktionen von 80.000 Postkarten gegen Rassismus
- Banner der Fans von Werder Bremen gegen Rassismus im Stadion
- Straßenbahnaktion gemeinsam mit dem DFB und dem Bremer Fußball-Verband

## Sozialmanagement

100 SCHULEN 100 VEREINE
100 % Werder-Partner!

Werder Bremen hat bereits in der Vergangenheit immer wieder deutlich gemacht, dass die Buchstaben ‚SV' im Vereinsnamen nicht nur für ‚Sport-Verein', sondern auch für ‚Soziale Verantwortung' stehen. Dass die zum Verantwortungsbereich von Klaus-Dieter Fischer (Geschäftsführer Leistungszentrum Fußball und andere Sportarten der Werder Bremen GmbH & Co KG aA und Präsident des Sport-Verein ‚Werder' von 1899 e. V.) gehörende Abteilung Sozialmanagement inhaltlich und personell in den vergangenen Jahren gewachsen ist, unterstreicht das, ist jedoch nur ein Beleg dafür.

## Bisherige Projekte, Initiativen und Aktionen:

- Projekt ‚100 Schulen – 100 Vereine', bei dem sportliches und soziales Engagement der Schulen und Vereine aktiv unterstützt werden.
- Aktion ‚100% fitte Schule': Mehr als 25.000 Schülerinnen und Schüler werden in einem jährlich stattfindenden Wettbewerb zu richtiger Ernährung und besserer Bewegung animiert.
- Partnerschaft mit der ‚SCORT Foundation': Im Rahmen des Partnerschaftsprogramms ‚Football Clubs for development and peace' unterstützt Werder Bremen das ‚Special Youth Camp', ein Sport- und Erlebniscamp für Jugendliche mit geistiger Behinderung, und ein Jugendförderprojekt im Kosovo.
- ‚Kids Club': Bietet für Kinder bis zum Alter von zwölf Jahren Aktionen im sportlichen, kulturellen und gesellschaftlichen Bereich. Exklusiv für den ‚Kids-Club' wird die Ballschule angeboten, in der die Kinder Koordination und Ballgefühl verbessern können.
- Initiative ‚60plus': Für Vereinsmitglieder ab 60 Jahren werden Aktivitäten vom Theater- oder Museumsbesuch bis zu sportlichen Ausflügen und neuen Bewegungsgruppen angeboten, die mit Hilfe der Ideen und Wünsche der Mitglieder konzipiert wurden.

## Geplante Projekte:

- Erweiterung des Projekts ‚100 Schulen – 100 Vereine' um Kindergärten, Grundschulen, Sozialeinrichtungen und Ausbildungsbetriebe
- Kostenlose Vereinsmitgliedschaft für Neugeborene
- ‚Werder World Wide': Internationale Kooperation mit Schulen und Vereinen
- Freiwilligenprojekt in Kooperation mit dem Bundesinnenministerium

Foto: Mac-Fotoservice

# Werder Medien

## Publikationen

## Der grün-weiße Lesestoff – Vielfalt für alle Werder-Fans

**Jede Menge Lesestoff** gibt es für alle Fans der Grün-Weißen: Neben dem WERDER-Magazin, das zu jedem Bundesliga-Heimspiel alles Wissenswerte rund um die Partie und viele spannende Hintergrund-informationen zu Werder Bremen bereithält, erscheinen zum Beginn und zum Ende jeder Spielzeit weitere interessante Sonderhefte.

**Zur Einstimmung auf die Saison** gibt es das Saisoneröffnungs-Magazin mit umfassenden Infos zu allen Spielern des Bundesliga-Kaders. Zum Abschluss der Spielzeit werden alle Spiele, alle Tore und die gesamte Statistik zusammengefasst. Der krönende Ausklang jedes Jahres: das WERDER-Jahrbuch – die packendsten Augenblicke aus zwölf Monaten als sehenswerter Bildband.

**Und auch beim Nachwuchs** ist immer etwas los: Der Stellenwert des Leistungszentrums und der neuen Frauen-Fußball-Mannschaft der Grün-Weißen wird mit einer eigenen Publikation, dem ‚WERDER junior', unterstrichen.

## WERDER.de

## Perfekter Doppelpass im Netz: WERDER.TV und WERDER.DE

**„Da will ich dabei sein!"**, heißt es seit Saisonbeginn bei Werder Bremen. Zu den auffälligsten Projekten unter diesem Slogan zählt dabei das neue WERDER.TV. Die grün-weiße TV-Crew hat sich vom Video-on-demand-Portal ‚maxdome' getrennt und bietet nun alle Sendungen auf einer eigenen Plattform an. Das bereits vielfältige Angebot mit Interviews und Spielberichten wurde dadurch noch besser. Bei WERDER.TV werden nahezu alle Pressekonferenzen live übertragen, fast täglich neue Filme über Diego, Pizarro & Co. eingestellt. Ein Muss für die grün-weißen Anhänger, die national und international weit verstreut sind. Der Preis für die exklusiven Inhalte bleibt unverändert moderat: 3,99 € werden pro Monat fällig.

**Darüber hinaus hat auch WERDER.DE** in den vergangenen Monaten ein neues Gesicht bekommen und verpackt die zahlreichen Informationen über die Grün-Weißen noch übersichtlicher. Nicht verzichten müssen die Werder-Fans auch weiterhin auf den kompletten Fan-Service wie Live-Spielstände und Live-Tabellen aus der Bundesliga, kostenloser Podcast über die Grün-Weißen, eine große Palette mit PC- und Handy-Wallpaper sowie Klingeltönen und vielem anderen mehr. Natürlich kann sich im Internet-Fanshop jeder die Fanartikel seiner Wahl bestellen oder im Online-Ticket-Shop Karten sichern.

WIR STELLEN NACH
PREIS/LEISTUNG AUF!
DIE OFFIZIELLEN WERDER WEINE EXKLUSIV BEI
HOL'AB! Getränke Markt
WERDER BREMEN
No 12
PROSECCO
DER OFFIZIELLE WERDER BREMEN ROTWEIN
HERZBLUT
MERLOT
CONCILIO DAL 1860
DENOMINAZIONE DI ORIGINE CONTROLLATA
12,5% vol
75 cl
DER OFFIZIELLE WERDER BREMEN WEISSWEIN
SPIELFREUDE
CHARDONNAY
CONCILIO DAL 1860
DENOMINAZIONE DI ORIGINE CONTROLLATA
12,5% vol
75 cl

Foto: nordphoto

# Der Fan-Club in meiner Nähe

## Alle registrierten Werder-Fan-Clubs geordnet nach Postleitzahlen

## 0

WFC Mitteldeutschland
Christian Seidel
Reideburger Landstr. 3a
**06116 Halle (Saale)**

Werder-Freunde Mansfelder Land
Jan Dressel
Nordstr. 22
**06343 Mansfeld**

WFC Affalter
Josef Dührig
Hauptstr. 79
**08294 Lößnitz**

## 1

Block 54
Ulrike Balmer
Strausberger Platz 11
**10243 Berlin**

Egal Wie
Matthias Bettag
Tunnelstr. 36 B
**10245 Berlin**

Green Hot Spots Bremen
Christian Ludwig
Wühlischstr. 24
**10245 Berlin**

Fischmob Berlin
Thomas Ahlborn
Frankfurter Allee 134
**10365 Berlin**

Green Frogs Berlin '92
Mark Heise
Belßstr. 26
**12277 Berlin**

Wilde 13
Maria Richter
Friedrichsthaler Weg 29
**13467 Berlin**

MM & die fantastischen 14
Markus M. Heimesaat
Holtzendorffstr. 4
**14057 Berlin**

Amigos Teltow-Fläming
Matthias Schulze
Schönhagener Weg 7
**14947 Nuthe-Urstromtal**

Der Grüne Punkt
Martin Labs
Ferdinandstr. 14
**15230 Frankfurt/O.**

Fläming-Eagles
Thilo Bochow
Hechtseestr. 7 A
**15838 Am Mellensee/ OT Saalow**

Green-White Spreewald Boys
Sebastian Kunja
Lubolzer Hauptstr. 64
**15907 Lübben**

Stahlwerk Greifswald
Ingo Doerfer
Vulkanstr. 23
**17489 Greifswald**

Güstrower Blasehasen
Florian Bannier
Seestr. 29
**18273 Güstrow**

WFC Rügen e. V.
Julian Zeitzmann
Apollonienmarkt 9
**18551 Sagard/Rügen**

Green-White Jokers Schwerin
Steffen Knispel
Adolf-Wilbrandt-Str. 14
**19059 Schwerin**

WFC Schwerin
Jürgen Lange
Hagenower Str. 61
**19061 Schwerin**

Elbe-Möwen
Horst Müller
Rathausstr. 15 C
**19322 Wittenberge**

## 21

Werders Echte
Swanvid v. Federbaum
Taubenweg 6
**21244 Buchholz/ Nordheide**

Magics von 1995
Christian Zoller
Fichtenweg 4
**21244 Buchholz/ Nordheide**

Böse Bauern
Christoph Behrens
Kakenstorfer Weg 36
**21255 Dohren**

Heidschnucken 05
Jörg Hundt
Fasanenweg 9
**21409 Embsen**

Hanseaten Gallier
Thomas Schmidt
Berliner Landstr. 30 E
**21465 Wentorf**

Stadtmusikanten Hamburg
Jens Stauke-Danielsen
Dorfstr. 17a
**21509 Glinde**

Weser-Piraten
Nicole Dammann
Harsefelder Str. 27
**21614 Buxtehude**

Werderstern
Gerd Matthies
Am Milchberg 36
**21640 Horneburg**

Harsefelder Jungs
Christian Thomfohrde
Ampfer Weg 21
**21717 Deinste-Helmste**

WFC Panther Stade
Thomas Pantel
Schulstr. 3
**21717 Deinste-Helmste**

WFC Estorf
Stefan Röhricht
Seemoor 1
**21727 Estorf**

Immertreu Grün-Weiß Hemmoor
Angelika Detje
Am Moor 4
**21745 Hemmoor**

Weserratten
Verena Schult
Nordwischenweg 3
**21776 Wanna**

## 22

Grün Weiß Hamburg
Murat Özkan
Ahrensburger Str. 105
**22045 Hamburg**

## 23

Werder-Yankees Ostholstein
Thorben Brock
Wiesenweg 10
**23738 Thomsdorf**

## 24

Grün-Weiße Helden
Martin Jeß
Bürgermeister-Heldmann-Str. 30
**24340 Eckernförde**

www.royrobson.com
ROY ROBSON
ROY ROBSON ist offizieller Herrenausstatter von Werder Bremen.

# Der Fan-Club in meiner Nähe

WFC Neumünster
Udo Tontarra
Bismarckstr. 32
**24534 Neumünster**

Chevignon Crew
Stefan Arne Schmuck
Rendsburger Str. 257
**24537 Neumünster**

Vikings Bremen 07
Arne Dircks
Stalloh 4
**24876 Hollingstedt**

## 25

Fan-Club Brücke
Florian Witschel
Delbrückstr. 1
**25541 Brunsbüttel**

Ladies Brunsbüttel
Nadine Wehrsig
Kurt-Schumacher-Ring 63
**25541 Brunsbüttel**

Die Grün-Weißen Asper
Helge Roeder
Pohlmannstr. 22
**25582 Hohenaspe**

Grün-Weiße Invasion
Lars Moritzen
Roggenweg 8
**25899 Niebüll**

Föhr Werder
Timo Fuhrmann
Strandstr. 2
**25938 Wyk/Föhr**

## 26

Green Törtels Oldenburg
Michael Roth
Kranbergstr. 38
**26123 Oldenburg**

Wild Cats
Nico Wiggers
Blücherstr. 14
**26131 Oldenburg**

Königliche Helden Bremen
Nils Raue
Klingenbergstr. 61
**26133 Oldenburg**

Green-White Diamonds
Rolf u. Conny Schmidt
Warnsweg 35
**26135 Oldenburg**

Green Thunder Oldenburg
Axel Aulich
Ekkardstr. 5
**26135 Oldenburg**

WFC Wehnen
Matthias Brunken
Heidkamper Weg 7 B
**26160 Bad Zwischenahn**

WFC Friesoythe
Mathias Meyer
Berberitzenweg 14
**26169 Friesoythe**

Marka Werderaner
Felix Bohmann
Zu den Tannen 6
**26169 Markhausen**

WFC Altenoythe
Jens Husmann
Schubertstr. 51
**26169 Friesoythe**

Rasteder Löwen
Moritz Koopmann
Johann-Hinrich-Wichern-Str. 4
**26180 Rastede**

Ostkurve '99
Lina Jacobs
Auf der Harre 18
**26188 Edewecht**

Oldenburger Werder-Freunde
Peter Eppler
Schulstr. 4
**26215 Gristede**

Vehneraner Raute
Rolf Deeken
Kampstr. 12
**26219 Bösel/Petersdorf**

Die OKKIS
Stefan Hänßler
Doodshörner Weg 13
**26316 Varel**

Nordic Crew Bremen '05
Jan-Hendrik Maida
In de Brök 12a
**26316 Varel-Obenstrohe**

Bockhorner Rolli-Fanclub
Wolfgang Hannig
Lindenstraße 29
**26345 Bockhorn**

Friesenpower Bockhorn
Günter Möller
Vareler Str. 4
**26345 Bockhorn**

Schlicktown-Pumpwerk
Thomas Giese
Flutstr. 290
**26388 Wilhelmshaven**

1. Wittmunder WFC
Carsten Holzke
Klusforder Str. 11
**26409 Wittmund**

Die Werder Kids
Keno Speetzen
Molkereistr. 12
**26427 Esens**

Grizzleys WHV/OL
Andreas Vogel
Arthur-Eden-Str. 5
**26441 Jever**

Scharfe Ecke
Oliver Zurek
Hauptstr. 102
**26452 Sande**

Norderneyer Evergreens
Christian Friese
Südwesthörn 20
**26548 Norderney**

WFC Norderney
Monika Vißer
Lüttje Legde 11
**26548 Norderney**

Werderfriesen
Tobias Janssen
Osterfeldstr. 5
**26605 Aurich**

Green Tigers Aurich '04
Patrick Best
Lienenweg 5
**26607 Aurich**

KMS Nordsee 05
Jörg Tischer
Seehuser Weg 19
**26624 Südbrookmerland**

Auricher FC „Nordlicht"
Gerrit Betten
Brookshörn 18
**26629 Großefehn**

Beach Boys WHV
Christian Helten
Klootschießerring 42a
**26639 Wiesmoor**

WFC Wiesmoor
Torsten Schoon
Neuer Weg 136
**26639 Wiesmoor**

Ammerländer Jungs
Sebastian-Matthias Thole
Hans-Sander-Str. 4
**26655 Westerstede**

Mythos Bremen
Jens Peters
Howieker Str. 2
**26655 Westerstede**

Werder Bullis
Else Wehmeyer
An der Loge 36
**26655 Westerstede**

Werdertubbies
Lena Kollmers
Ankerstr. 42
**26676 Barßelermoor**

Greun Witt Ammerland
Stefan van Mark
Waidmannsweg 11
**26689 Apen**

The Pix
Kai Schoolmann
Upstalsboomstr. 10
**26721 Emden**

Nordic Stars
Rainer Schönsee
Körmeisterweg 4
**26723 Emden**

Die Nordmannen
Alwin Henning
Buschland 10
**26736 Krummhörn**

PVC 36 Krummhörn
André Meiners
Meester-Hinderks-Stroat 31
**26736 Hamswehrum**

Nüttermoor-Nortmoor
Gerd Lübbers
Deichstr. 250 A
**26789 Leer-Nüttermoor**

Ossis von 1979
Manfred Kramer
Parallelweg 7B
**26789 Leer**

WFC Bingum
Thomas Sanders
Albrecht-Janssen-Str. 22
**26789 Leer**

WFC Moormerland
Dieter Diersmann
Westerwieke 43
**26802 Jheringsfehn**

Goalbusters Dörpen-Emsland
Rainer Poll
Hauptstr. 112
**26892 Dörpen**

Ems-Auen Rhede
Engelbert Niesmann
Katzenburg 12
**26899 Rhede-Ems**

Wolder
Gerd Sandten
Rosenstr. 15
**26903 Surwold**

Werder-Dugs
Sebastian Mentz
Butjadinger Str.28
**26919 Brake**

FC Bremer Punkte-Jäger
Henning Hüneke
Kirchenstr. 199
**26919 Brake**

Werder Gorks
Jörg Meier
Kiebitzring 67
**26919 Brake**

Green Country
Axel Frerichs
Wallstr. 8
**26954 Nordenham**

Northern Lights HB
Malte Baars
Elbinger Str. 23
**26954 Nordenham**

Supporters Nordenham
Tobias Maake
Ludwig-Uhland-Str. 10
**26954 Nordenham**

Wattwürmer on Tour
Christian Onken
Bremervörder Str. 7
**26954 Nordenham**

Tossens WFC
Uwe Barg
Hauptstr. 11
**26969 Butjadingen/Tossens**

## 27

Grüne Wand '07
Nils Dumke
Henstedter Str. 17a
**27211 Bassum**

Sudwalder Werder-Fans
Ralf Grafe
Erich-Kästner-Str. 8
**27211 Bassum**

WFC Bassum-Wuisels
Markus Cordes
Tapiauer Str. 14
**27211 Bassum**

WFC Sulinger Land
Thomas Marquardt
Im Strohe 12
**27232 Sulingen**

WFC Vorwohlder Jungs
Maik Borchers
Vorwohlde 62
**27232 Sulingen**

Lions Twistringen
Regina Gottwald
Kapellenweg 17
**27239 Twistringen**

Heathland
Lars Gehlenbeck
Kuppendorf 11
**27245 Kirchdorf**

Dauelsen Delirium
Michael Barth
Sachsenstr. 25
**27283 Verden-Dauelsen**

Assassing
Mario Werner
Schifferstr. 13
**27299 Langwedel-Etelsen**

Ldarado
Ronald Jakobeit
Elbinger Str. 24
**27299 Langwedel**

Weserbogen Hoya
Markus Finkberner
Ahornstr. 3
**27318 Hoya/Weser**

WFC Région Brême
Christian Wolters
Auf dem neuen Lande 16
**27327 Martfeld-Loge**

WFC Am Blender See
Sebastian Müller
Im langen Wandel 6
**27337 Blender**

Rieder Werder-Freunde
Lorenz Irps
Arpsmeyerweg 8
**27339 Riede**

Huskys
Olaf Lührs
Worther Str. 7
**27356 Rotenburg**

ECHT
DAS ECHTE WERDER FAN-BIER
WERDER BREMEN
WIR: DIE NUMMER 12
Europa-Pokalsieger der Pokalsieger 1992
100% WERDER
WERDER
BREMEN
Supercup-Gewinner
100% WERDER
HAAKE-BECK
12
ECHT HAAKE-BECK
WERDER

# Der Fan-Club in meiner Nähe

Berenike Bremen
Michael Schröder
In den Wiesen 18
**27404 Rhade**

Green Chaos
Timo Door
Meyerhöfen 46
**27404 Zeven**

WFC Brüttendorf
Bernd Bockelmann
Rotenburger Str. 1
**27404 Brüttendorf**

Iselersheim Supporters Bremen
Patrick Hellmers
Iselerstr. 62
**27432 Iselersheim**

Green-White Divine Supporters
Torsten Witte
Langenhausen 12
**27442 Gnarrenburg**

WFC Pirate
Arne von Bargen
Nordende 11
**27476 Cuxhaven**

Werder Hornets
Rosemarie Beckmann
Altenbrucher Bahnhofstr. 95
**27478 Cuxhaven**

Weser-Power Cuxhaven
Jörg Polkowski
Altenbrucher Bahnhofstr. 98
**27478 Cuxhaven**

Fischköppe Bremerhaven
Matthias Peters
Bismarckstr. 34
**27570 Bremerhaven**

Honks Bremerhaven
Robert Pawellek
Ludwigstraße 4
**27570 Bremerhaven**

Markt-Treff
Magdalene Dolezi
Bülkenstr. 42
**27570 Bremerhaven**

Werder-Ritter Bederkesa
Nils Klatt
Langener Grenzweg 33
**27607 Langen**

Werdermeister
Matthias Stall
Ziegeleistr. 21c
**27607 Langen**

Beck'shöveder Werder-Freunde
Swen Hartmann
Ringstr. 18
**27612 Loxstedt**

WFC Dedesdorf
Rolf Waltemade
Weidenstr. 7
**27612 Dedesdorf**

Wölfe Loxstedt
Norbert Gerdes
Bahnhofstr. 13
**27612 Loxstedt**

Eisern Bremen Frelsdorf
Patrick Heinemann
Wollingster Str. 24a
**27616 Schiffdorf**

WFC Sellstedt
Björn-Torsten Baer
Im Bredenhörn 8
**27619 Sellstedt**

Werder-Fans OHZ
Jens Jungbluth
Bahnhofstr. 80
**27711 Osterholz-Scharmbeck**

Dead Frogs Bremen Nord
Tobias Klemz
Richard-Oelze-Ring 7
**27726 Worpswede**

DEL on Tour
Manuel Sendtko
Hasporter Damm 53
**27749 Delmenhorst**

Banovic Forever
Malte Gefken
Ochtumer Str. 13
**27751 Delmenhorst**

Habbrügger Werder-Fans
Marten Meyerholz
Habbrügger Furth 7
**27777 Ganderkesee**

Partyzan Bremen
Martin Wachtendorf
Stettiner Weg 3a
**27777 Ganderkesee**

Stedinger Werder-Möwen
Rainer Kollmann
Stedinger Str. 61
**27777 Bookholzberg**

Werder in meo corde
Daniel Jeschke
Reckumer Ring 4
**27793 Wildeshausen**

Wildeshauser WFC
Michael Uhlhorn
Christine-Teusch-Str. 8c
**27793 Wildeshausen**

Supporters Hude
Tjalf Schröder
Holler Landstr. 94
**27798 Hude**

WFC 27801
Ingo Kläner
Schulweg 3
**27801 Neerstedt**

AVANTI
André Burkert
Georg-Grashorn-Str. 9
**27804 Berne**

Moorhüpfer Köterende
Uwe von Seggern
Kolberger Ring 35
**27804 Berne**

Werder Scorpions
Kay-Uwe Hartmann
Schwarzer Weg 4a
**27804 Berne**

Die Werder-Deichgrafen
Jessica Eichelberg
Ritzenbütteler Str. 106
**27809 Lemwerder**

## 28

Werder-Unikate
Mark Langreder
Großenstr. 24
**28195 Bremen**

For Ever
Lutz Delzeith
Woltmershauser Str. 274
**28197 Bremen**

Happy-Crew Bremen
Jan Mahlstedt
Lahnstr. 10
**28199 Bremen**

Angels '84
Kai Glinkemann
Buntentorsteinweg 96
**28201 Bremen**

Green Devils Bremen
Ingo Dräger
Kolberger Str. 44
**28201 Bremen**

Partigiani
Sebastian Krause
Schopenhauer Str. 68
**28201 Bremen**

Wommels
Wilko Zicht
Sedanstr. 120
**28201 Bremen**

WFC Afrika
Albert Conteh
Schildstr. 12-19
**28203 Bremen**

Grüne Eule
Phillip Arsenidis
Vor dem Steintor 156
**28203 Bremen**

Key People
Ole Raatz
Bismarckstr. 41
**28203 Bremen**

Vikings Achim-Bremen
Mathias Mücke
Besselstr. 90
**28203 Bremen**

WFC Rahlstedt
Patrick Richter
Am Hulsberg 45
**28205 Bremen**

SVW Großes Kino
Thomas Adick
Am Hulsberg 139
**28205 Bremen**

Die Treuen von 1980
Uwe Jahn
Fleetrade 65
**28207 Bremen**

Bombay Werder Wallahs
Jan Eberhardt
Arnold-Böcklin-Str. 16
**28209 Bremen**

Wonsters
Christopher Schmidt
Scharnhorststr. 42
**28211 Bremen**

WFC Hermannsburg
Jan-Peter Lipski
Wätjenstr. 48
**28213 Bremen**

Stümper
Christian Woytek
Freudenbergstr. 13
**28213 Bremen**

Werder Fanatics Peine
Stefan Fery
Crüsemannallee 10
**28213 Bremen**

Böhse Werder-Onkelz
Björn Schrader
Würzburger Str. 98
**28215 Bremen**

Greenpower Bremen
Florian Böwe
Hemmstr. 145 A
**28215 Bremen**

Inferno Bierstand
Felix Burmester
Würzburger Str. 73
**28215 Bremen**

Psychos HB '92
Sebastian Lebek
Hemmstr. 108
**28215 Bremen**

Virides Albi Bremenses
Matthäus Stepa
Findorffstr. 106
**28215 Bremen**

Welt Weit Werder
Sebastian Kintzel
Lohmann-Str. 162
**28215 Bremen**

Grün-Weiß Pegasus
Frank Zawesky
Johann-Bornemacher-Str. 6
**28217 Bremen**

Suburbian Devils
Constanze Robbel
Probststr. 14
**28217 Bremen**

Werder-Thompels
Kristina Knoop
Osterlinger Str. 23
**28217 Bremen**

The Wheelers
Thomas Vorberger
Ritter-Raschen-Str. 26
**28219 Bremen**

Die Schnacker
Christian Maibach
Lübbenstr. 20
**28237 Bremen**

Wilde Jungz
Florian Meier
Grasberger Str. 67
**28237 Bremen**

Sturmmöwen
Holger Busch
Oslebshauser Heerstr. 156
**28239 Bremen**

Crazy Dogs
Torsten Hölbe
Steller Str. 67
**28259 Bremen**

Vahraonen
Thomas Breitkopf
Tom-Dyk-Str. 20
**28259 Bremen**

Werdergrollies
Ingo Heusel
Bardenflethstr. 97
**28259 Bremen**

Grün-Weiß Solling
Christian Vespermann
Kattenturmer Heerstr. 128
**28277 Bremen**

Kumpels
Björn Urban
Scotlandweg 2
**28277 Bremen**

Berserker Bremen
Mirco Neuelmann
Sudwalder Str. 52
**28307 Bremen**

Bremer Haie
Michael Schwepe
Egestorffweg 23
**28307 Bremen**

Green-White Evolution
Sascha Anders
Holtumer Str. 14
**28307 Bremen**

Die Tauben
Klaus Prodehl
Völkinger Str. 21
**28309 Bremen**

Werder Supporters
Saskia Kölle
Tägtmeyerstr. 10a
**28309 Bremen**

Total Grün-Weiß
Ronny Büttner
Armsener Str. 35
**28325 Bremen**

Die schrecklich Netten
Frank Peters
Papendieckstr. 8
**28329 Bremen**

Inferno Bremen
Thorben Klose
Vahrer Str. 266
**28329 Bremen**

OFFIZIELLER LIEFERANT VON WERDER BREMEN
Jede Woche Fan-Shop-Gutscheine gewinn
beim Tipp Kick unter www.vilsa.de
NATRIUMARM
VILSA
BRUNNEN
CLASSIC
Natürliches Mineralwasser
Starke Partner!
Werder Bremen trinkt VILSA Mineralwasser.
VILSA. Lebendig. Nordisch. Frisch.

# Der Fan-Club in meiner Nähe

Diaboli Viridi
Markus Meyer
Am Hollerfleet 8
**28355 Bremen**

Globetrotter
Heiko Stelter
Bruchwettern 5a
**28357 Bremen**

Grün-Weiß SPAHLB
Hajo Hayen
Petersenweg 19
**28717 Bremen**

SF Springer
Dieter Zeiffer
Kopenhagener Str. 50
**28719 Bremen**

Adler
Martina Hayduk
An der Aumunder Kirche 30
**28757 Bremen**

Endless Support Bremen
Florian Evers
Neue Str. 2
**28757 Bremen**

FC Bremen-Nord
Mario Vagnoni
Schafgegend 35
**28757 Bremen**

Grün-Weiße Legion
Boris Blödorn
Unterm Berg 83
**28777 Bremen**

Hämangio
Andreas Rohlf
Rominter Str. 12
**28777 Bremen**

The Green-White Crusade
Gillis Wischnowski
Bockhorner Weg 61
**28779 Bremen**

Vegeboys
Sven Havemann
Bockhorner Weg 84
**28779 Bremen**

Buten-Bremer
Rainer Meyerhof
Stuhrreihe 19
**28816 Stuhr**

Hanseatic League '90
Sven Beyer
Michael-Ende-Str. 22
**28816 Stuhr**

Oldie-Gang
Erich Schmidt
In den Kämpen 2
**28816 Stuhr**

Supporters Bremen
Timo Rauer
Weiße Riede 15
**28816 Stuhr**

BlockBUSTERS
Jens Janßen
Annastr. 30a
**28832 Achim**

Key West
Doreen Hastädt
Heidstr. 10
**28844 Weyhe**

Mafia
Tanno Oetting
Auf dem Geestfelde 37
**28844 Weyhe**

Weyhe on Tour (WOT)
André Bertram
Schlehenkamp 27
**28844 Weyhe**

Attacke Mühlenkamp
Alexander Schwarz
Am Fahrenhorster Damm 28
**28857 Syke-Ristedt**

Burner Bremen
Tammo Becker
Klinkerstr. 18
**28857 Syke**

Gallier
Marcus Buckner
Zur Siemerei 6a
**28857 Syke**

Leistungsträger
Arne Grieme
Hügelrose 67
**28857 Syke**

Werderfans on Tour
Torsten Fröhlich
Gaußstr. 76
**28865 Lilienthal**

67-Supporters
Nicole Bernhardt
Allerstr. 146
**28876 Oyten**

Grün-Weiß Future
Stefano Troia
Allerstr. 200
**28876 Oyten**

Hurricanes
Jörg Neuke
Feldstr. 16
**28876 Oyten-Bassen**

Linie 30 und Freunde
Annika Albers
Rautendorfer Str. 15 B
**28879 Grasberg**

## 29

Subkultur Bremen
Christoph Zimmer
Rudolf-Virchow-Str. 2
**29223 Celle**

Green-White Power Celle
André Thies
Krähenbergweg 46
**29229 Celle**

Beekler Jungens
Florian Denecke
Becklingen 98
**29303 Bergen**

Party Möwen
Vanessa Lange
Gerdehäuser Weg 12
**29320 Hermannsburg**

Supporters Müdener Jungs
Florina Franz
Am Ginsterbusch 3
**29328 Müden**

Hurricanes Groß Oesingen
Andreas Jacobi
Mühlenstr. 1
**29393 Gross Oesingen**

Miracle
Thomas Schulze
Dorfstr. 40
**29416 Benkendorf**

Die Nordlichter
Stefan Irro
Fritz-Reuter-Str. 5
**29439 Lüchow**

Künsche Lucie
Dirk Schütte
Am Südhang 1
**29439 Lüchow**

Uelzener WFC
Jens Kötke
Bahnhofsweg 4
**29525 Uelzen**

Grün-Weiße Heidegeister
Marcus Fensky
Aueweg 20
**29614 Soltau**

Möwen Schneverdingen
Jan Buchholz
Friedenstr. 3
**29640 Schneverdingen**

Schneverdinger WFC
Martin Völlmecke
Seekamp 34 a
**29640 Schneverdingen**

Die Heidjer
John-Frederek Indorf
Stellichte 3
**29664 Walsrode**

Vier gewinnt
Oliver Feike
Im Hagen 23
**29699 Beuefeld**

## 3

Boni SC Hannover
Michael Sandow
Ostwender Str. 3b
**30161 Hannover**

Incorpore Hannover
Christian Wulf
Vorm Walde 6
**30926 Seelze**

Hai Noon Alfeld
Hendrik Schrader
Hauptstr. 40
**31061 Alfeld**

Möwen v. d. Leine
Jan Scharf
Am Hopfenberg 1
**31061 Alfeld (Leine)**

Wir sind Werder
Dennis Hutsch
Tappenstr. 53
**31134 Hildesheim**

Peiner Werder-Freunde
Holger Funke
Triftstr. 5
**31249 Hohenhameln-Mehrum**

St. Harber
Helmut Lange
Harberstr. 8
**31249 Hohenhameln**

Herman and the Funkies
Jan Grundstedt
Pestalozzistr. 22 B
**31311 Uetze**

Green-White Wölpe
Helmut Bensemann
Hoyaer Str. 8
**31582 Nienburg-Weser**

Nienburger
Werder-Freundeskreis
Friedrich-Wilhelm Gallmeyer
Verdener Landstr. 245
**31582 Nienburg**

Brennende Liebe
André Scheel
Ortstr. 8
**31618 Liebenau**

Brokeloher Fan-Club
Uwe Gerberding
Brokeloher Dorfstr. 5
**31628 Landesbergen**

Double u. Maniacs Stemwede
Dennis Latzel
Am Steingrund 9
**32351 Stemwede**

Werderbus
Reinhard Hodde
Am Schulhof 5
**32369 Rahden-Sielhorst**

WFC Eingelocht Minden
Sebastian Nordhorn
Neckarstr. 15
**32423 Minden**

WFC Minden 12
Henrik Belte
Klappenburg 8
**32469 Petershagen**

Ösper-Jäger
Gerhard Beermann
Galgenheider Str. 18
**32469 Petershagen**

Werder Freunde „FiA"
Sven Strohmeier
Loccumer Str. 31
**32469 Petershagen**

WFC Visurgis Petershagen
Christian Hofmeier
Bultweg 2
**32469 Petershagen**

Werremöwen
Gerhard Blomenkamp
Brinkstr. 16
**32584 Löhne**

WFC Am Wiehen
Michael Kasche
Oberbauerschafter Str. 201
**32609 Hüllhorst**

Padermöwen
Sascha Beringer
Gierswall 26
**33102 Paderborn**

Crazy Popeyes
Benedikt Hurny
Emmausweg 12
**33154 Salzkotten**

Grüne Welle Gütersloh
Thorsten Kanning
Hölscherweg 27
**33415 Verl**

Inferno H-CL
Thomas Spiering
Beethovenstr. 7
**33442 Herzebrock-Clarholz**

Fischkopp-Festung Bielefeld
Sören Swawold
August-Bebel-Str. 5a
**33602 Bielefeld**

Fishermen Werder
Peter Blecher
Rohrteichstr. 70
**33602 Bielefeld**

Grüner Stern Schwalm-Eder
Wolfgang Zabbée
Himmelsbergerstr. 11
**34212 Melsungen**

Green White Dynamite Kassel
Sebastian Hielscher
Auf dem Bockesfeld 17a
**34289 Zierenberg**

Cupfighters Wanfried
Tobias Siebold
Thönebergstr. 30
**34329 Nieste**

Mighty Ducks
Jan Peter
Frankenberger Str. 3
**35094 Lahntal**

WFC Mittelhessen
Sascha Kessler
Beltershainer Str. 5
**35305 Grünberg**

Runes Erben Gießen
Sören Mayer
Pestalozzistr. 44
**35394 Gießen**

Bremer Fang. Wetzlar
Frankfurt
Christian Debus
Martinstr. 13
**35576 Wetzlar**

WWW.LANGNESE.D
EISKALTE VERFÜHRUNG
LANGNESE®

# Der Fan-Club in meiner Nähe

Aartaljungs
Björn Fischer
Am Gesundbrunnen 32
**35649 Niederweidbach**

Leine-Weser-Express
Henrik Schaper
Zimmermannstr. 14a
**37075 Göttingen**

Holzeröder Weser-Recken
Peter Janowitz
Obere Str. 6
**37136 Holzerode**

Förster Werder-Freunde
Andreas Weitemeyer
Förster Str. 51
**37520 Osterode-Förste**

WFC Einbeck
René Marx
Klopstockstr. 5
**37574 Einbeck**

WFC Weserbergland
Kai Schmalhof
Kirchstr. 5
**37647 Brevörde**

Werder-Mönche
Winfried Lüs
Elsterstraße 2
**38120 Braunschweig**

Werder-Bären
Waldemar Grieger
Am Hamberg 1
**38259 Salzgitter-Bad**

System Steinlah
Arne Helling
Kleine Breite 64
**38302 Wolfenbüttel**

WFC Eischott
Fabian Kamieth
Rundling 1
**38471 Rühen-Eischott**

WFC Nedlitz
Matthias Hänsch
Am Eckernkamp 16
**39264 Nedlitz**

Wolmirstedter Werder-Fans
Jürgen Neubauer
Wacholderweg 21
**39326 Wolmirstedt**

YANKEES Gardelegen
Henry Oeppert
Bahnhofstraße 9
**39638 Gardelegen**

## 4

Ewige Treue Niederrhein
Sascha Manz
Obersteiner Weg 18
**40229 Düsseldorf**

Die Uerigen Düsseldorf
Sandra Schneider
Grunerstraße 1
**40239 Düsseldorf**

Fan-Club Bremen-Nord
(FCBN)
Marco Spinelli
Prinz-Georg-Str. 63
**40479 Düsseldorf**

Werder-Jungs Pulheim
Steffen Strumpen
Dresdener Str. 6
**44139 Dortmund**

Lebenslang A1
Markus Skupia
Groppenbrucher Str. 15
**44359 Dortmund**

Werder-Mädchen
Katja Bohling
Augustastr. 16
**44534 Lünen**

Christian Vander FC
Jörg Cirkel
Finkenstr. 35c
**44869 Bochum**

SEASTORM
Lars Geuken
Borkumstr. 13
**45149 Essen**

Werder Bremen Devils
Alexander Hubert
Kocherstr. 18
**45219 Essen**

Hexenland
Jörg Podlesny
An der Dahlenmühle 21
**47661 Issum-Sevelen**

Die Werder-Treuen
Hartmut Pusch
Zimmerstr. 17
**48153 Münster**

WFC Werwölfe Münster
Christian Peitsch
Immelmannstr. 48
**48157 Münster**

Dynamite Drensteinfurt
Ansgar Buttermann
Kernbrock 25
**48317 Drensteinfurt**

Beck's Street Boys (WAF)
Tobias Köckemann
Dorfbauerschaft 49 a
**48346 Ostbevern**

Werders BKT
Timothy Laubenstein
Akazienweg 5
**48455 Bad Bentheim**

Wesertigers Hopsten
Michael Walterskötter
Nordstr. 10
**48496 Hopsten**

Werderhörnchen
Lars Kerkhoff
Weddigenstr. 44
**48527 Nordhorn**

Möwenpicker Ochtrup '97
Marc Kuhmann
Bentheimer Str. 59
**48607 Ochtrup i. Westf.**

FC Werder
Thomas Finnah
Kirchenesch 10
**48739 Legden-Asbeck**

Ahoi-Crew 05 Osnabrück
Joost Erich Wünkhaus
Limberger Str. 70
**49084 Osnabrück**

Na starowje
Gaby Karrenbrock
Widukindstr. 1
**49124 Georgsmarien-hütte**

Grafen-Power Diepholz
Lars Mester
Glockenheide 31
**49356 Diepholz**

Langförden Seagulls
Claudia Preuss
Schulstr. 6
**49377 Langförden**

Sanders Krug
Carl Sander
Visbeker Damm 145
**49377 Vechta**

Werder-Freunde Lutten e.V.
Uwe Grotelüschen
Allensteiner Str. 10
**49377 Vechta**

Werder-Eck Lohne
Heiner Rottinghaus
Roggenkamp 12
**49393 Lohne**

Werder-Freundeskreis Lohne
Thomas Sieverding
Kronenstr. 10
**49393 Lohne**

Abfahrt Arsten
Frank Schwermann
Burgstr. 64a
**49413 Dinklage**

Die Ostkurvenfahrer
Julian Vogler
Pappelweg 2
**49419 Wagenfeld**

WFC Wagenfeld e. V.
Alfred Knopp
Schützenstraße 48
**49419 Wagenfeld**

Falken Steinfeld
Josef Haskamp
Ostring 20
**49439 Steinfeld**

Greenpower Holdorf
Nils Thörner
An der Bäke 2
**49451 Holdorf**

Schlüsselkinder Holdorf
Dirk Völkerding
Am Schützenplatz 4
**49451 Holdorf**

WFC Wetschen
Erich Rempe
Kastanienweg 3
**49453 Wetschen**

WFC Heidedorf
Tim Lutterbei
Wibbeltstr. 15
**49549 Ladbergen**

Grüne Raute
Florian Mehmann
Zum Sportplatz 7
**49626 Grafeld**

Werder-Eck Maiburg
Alexander Schmidt
Restrup 5
**49626 Bippen**

Green-White Cavaliers
Daniel Richter
Fischerstr. 15
**49661 Cloppenburg**

Werder Cult 2005
Dirk Niehaus
Bahnhofstr. 22
**49661 Cloppenburg**

Werder-Wunder Cloppenburg
Matthias Moormann
Zur Börne 6
**49661 Cloppenburg**

Werder-Füchse
Peter Menke
Kranichweg 8
**49685 Emstek**

GW Fanatics Hemmelte
Johannes Rolfes
Waldweg 9
**49688 Hemmelte**

Los Bremos Kollegos
André Röckmann
Im Witten 17
**49696 Resthausen**

Werders Echte Lindern
Guido Lövenich
Tannenwald 14
**49699 Lindern**

WFC „Amigos" Pewsum
Ralf Wohlgezogen
Fledermausweg 23
**49716 Meppen**

Bexx's Beauty's
Jens Neehoff
Neulande 6
**49733 Haren**

Greenhawks
Markus Meyer
Clemensstr. 8
**49762 Renkenberge**

De Emsländer
Dirk Schmidt
Windthorststr. 10
**49809 Lingen**

Fishbonez Bramsche
Christian Schotte
Estringen 5 B
**49811 Lingen**

Werder-Wiesel Emsland
Ludger Lesemann
Reiterweg 10
**49811 Lingen**

Fischköppe Lohne
Thorsten Altendeitering
Boschstr. 8
**49835 Wietmarschen**

Werder-Freunde Emsland Süd
Ingo Lüttecke
Bahnhofstr. 1
**49838 Wettrup**

## 5

Flower Power
Manfred Meier
Berlich 24 A
**50259 Pulheim**

WFC Heinsberg
Andreas Thebrath
Nirmer Str. 2
**52525 Heinsberg**

Werder Forever Bonn
Nils Pütthoff, Rebecca Stupp
Bornheimer Str. 104
**53119 Bonn**

Präriefire Wachtberg
Philip Turley
Mehlemerstr. 9
**53343 Wachtberg-Niederbachem**

Mosel-Werderaner
Alexander Hess
Burgmühlenstr. 27 A
**54294 Trier**

Prallos
Eifel-Mosel-Hunsrück
Christoph Helbing
Bergweg 2
**54516 Wittlich**

Beck's Pistols Koblenz
Andreas Leue
Am Alten Schützenplatz 6
**56072 Vallendar**

Werder-Freunde Siegen
Martin Sondermann
Steinstraße 8
**57072 Siegen**

Geräucherte Makrelen
Siegerland
Christian Hoffmann
Anton-Delius-Str. 18
**57074 Siegen**

Bergige Bremer Sauerland
Mathias Pape
Finkenweg 2
**57392 Schmallenberg**

WFC Deilinghofen
Karsten Ludwig
Am Schoppenweg 22
**58675 Hemer**

Los Bremos
Kai Post
Schillerstr. 6a
**59348 Lüdinghausen**

Werder-Freunde Sauerland
Patrick Wagner
Leipziger Str. 4
**59939 Olsberg**

# Der Fan-Club in meiner Nähe

## 6

Bermuda3eck
Rhein-Main-Weser
Markus Kleinschmidt
Kösliner Str. 2
**63110 Rodgau**

Aschaffenburger Werderfans
Sven Winkler
Breslauer Str. 40
**63739 Aschaffenburg**

Seahawks
Michael Krause
Im Leithersheim 19
**64839 Münster-Altheim**

Green Mile
Holger Herbert
Gartenstr. 28
**64846 Groß-Zimmern**

Rhein-Main Rauten
Olaf Klein
Jungferngartenstr. 10
**65193 Wiesbaden**

Bastión Verde-Blanco
Islas Canarias
Thomas Helwig
Hauptstr. 73
**65817 Eppstein**

Lyoner Flanke Saar
Peter Jacob
Peter-Michely-Str. 19
**66117 Saarbrücken**

Wesaarclub
Jens Berner
Friedhofsweg 23
**66119 Saarbrücken**

WFC Dillingen-Saar
Michael Strangmann
Bittenfeldstr. 9
**66763 Dillingen/Saar**

## 7

Stuttgarter Werder-Fans
Frank Helmes
Offenbachstr. 15
**70195 Stuttgart**

Magic Werder
Hannes Fischer
Schellingstr. 53
**72072 Tübingen**

Veringendorf on Tour
Marcus Kohl
Rettichsberg 25
**72519 Veringendorf**

Werderfans Süd
Dieter Wondratschek
Sonnenblumenweg 6
**72631 Aichtal**

Neuffen an der Weser
Stefan Wisniewski
Uracher Weg 23
**72639 Neuffen**

Wer Der
Heiko Dangelmayer
Boschweg 3
**73054 Salach**

Weser-Bomber
Christian Götz
Johann-Strauß-Str. 23
**73441 Bopfingen**

WFC Ludwigsburg
Stefan Ebert
Nelkenweg 5
**74385 Pleidelsheim**

Nord bis Süd Grün-Weiß
Wolfgang Wingert
Röhrigstr. 13
**76437 Rastatt**

Green-White Griffins
Mathias Weber
Pferrmatt 9
**77855 Achern**

Seehasen
Tobias Korting
Max-Stromeyer-Str. 3a
**78467 Konstanz**

## 8

Grün-Weißes München
Volker Stoer
Astaller Str. 18
**80339 München**

Werder-Freunde Allgäu
Thomas Bullerjahn
Hochgratstr. 18
**87545 Burgberg i.A.**

Beck's Street Boys
Matthias Reiss
Buchenwasen 12
**88630 Pfullendorf**

## 9

Kiwi-Aura
Dieter Schneider
Welfenstr. 8
**90475 Nürnberg**

Bamberg Grün-Weiß
David Klanke
Hemmerleinstr. 5
**96050 Bamberg**

Club der Werderaner
Werner Streu
Maineckerstr. 12
**96264 Baiersdorf**

Werder Warriors Würzburg
Andreas Bauer
Textorstr. 24-26
**97070 Würzburg**

WFC von der Tauber
Mario Heinemann
Römerstr. 9
**97922 Lauda-Königshofen**

The Green Whales
Holger Sippel
Gropiusstr. 2
**99423 Weimar**

Werderhütte
Philipp Demske
Sonnenweg 19
**99444 Blankenhain**

Mühlhauser FC
Grün-Weiß Werdi
Norman Urbach
Schillerweg 23
**99974 Mühlhausen**

## Ausland

1st East African W.B.F.
Dietmar Lange
P.O. Box 30196
**00100 Nairobi (Kenia)**

Green Kings
Tim Schuy
50 Walham Grove
**London SW6 1QR (England)**

Ostkurve Brüssel
Lars Kiehlmann
Rue Leys 33
**1000 Brüssel (Belgien)**

Löwen Ostbelgien
René Schumacher
Neuer Weg 21
**4750 Weywertz (Belgien)**

Lebenslang Grün-Weiss
Letzebuerg
Henri Wagner
1, Duerfstrooss
**9182 Scheidel (Luxemburg)**

Diano Marina 1993
Bar zum Ritter Thomas
Hohenester
Via Cantalupo 137
**18100 Imperia (Italien)**

Dragons Hong Kong
Felix Doodt
Discovery Park, Block 7,
Flat 8A
398 Castle Peak Road
**Tsun Wan, N. T. (Hongkong)**

Dennis Forsgren
Baggränd 2 B 3
**68630 Jakobstad (Finnland)**

Schweizer Stadtmusikanten
Sven Stückmann
Brämlenstr. 31
**8234 Stetten (Schweiz)**

Slovak FC of Werder Bremen
Michel Mark Urban
Jarok 547
**95148 Jarok-Selbitz (Slowakei)**

*Stand: Oktober 2008*

Foto: imago

# Werder Bremen GmbH & Co KG aA

## Geschäftsführung

### Jürgen Ludger Born

**Position:** seit 2004 Vorsitzender der Geschäftsführung, Geschäftsführer Finanzen und Öffentlichkeitsarbeit
**Geburtsdatum:** 24.09.1940
**Geburtsort:** Berlin
**Bei Werder Bremen seit:** 23.05.1999
**Bisherige Position:** 1999 – 2003 Vorstandsvorsitzender und Vorstandsmitglied Finanzen und Öffentlichkeitsarbeit
**Persönliches:** verheiratet, Söhne Maximilian, Christian, Tochter Denise
**Ausbildung / Beruf:**
Abitur / Wirtschaftsstudium in Hamburg
1968 – 1999 Deutsche Bank
Hamburg, Stuttgart, Frankfurt,
London, New York, Asuncion, Montevideo,
Buenos Aires, Sao Paulo
seit 2000 Honorarkonsul von Uruguay
**Hobbys:** Jazz, Tennis, Golf, Malerei

### Klaus Allofs

**Position:** seit 2004 Geschäftsführer Profifußball
**Geburtsdatum:** 05.12.1956
**Geburtsort:** Düsseldorf
**Bei Werder Bremen seit:** 07.10.1999
**Bisherige Position:**
1999 – 2003 Vorstandsmitglied Profifußball
**Persönliches:** verheiratet,
Sohn Niklas, Töchter Leonie, Lotta
**Spielerlaufbahn:** TuS Gerresheim, Fortuna Düsseldorf, 1. FC Köln, Olympique Marseille, FC Girondins de Bordeaux,
1990 – 1993 Werder Bremen,
424 Bundesliga-Spiele / 177 Tore,
56 A-Länderspiele / 17 Tore
**Trainerstation:** Fortuna Düsseldorf
**Größte Erfolge als Spieler:** Europameister 1980, EM-Torschützenkönig 1980, Vize-Weltmeister 1986, französischer Meister 1989 mit Olympique Marseille, deutscher Meister 1993 mit Werder Bremen, Europapokalsieger der Pokalsieger 1992 mit Werder Bremen, DFB-Pokalsieger 1979, 1980, 1983, 1991, Bundesliga-Torschützenkönig 1979, 1982
**Hobbys:** Pferde, Golf

### Klaus-Dieter Fischer

**Position:** seit 2004 Geschäftsführer Leistungszentrum Fußball und andere Sportarten
**Geburtsdatum:** 27.12.1940
**Geburtsort:** Bremen
**Bei Werder Bremen seit:** 06.01.1955
**Bisherige Positionen:** Schiedsrichter, Schatzmeister der Amateurabteilung, Jugendtrainer, Jugendbetreuer,
1970 – 1974 3. Präsident,
1974 – 1999 Vize-Präsident,
1999 – 2003 Vorstandsmitglied
**Weitere Positionen:**
Präsident Sport-Verein „Werder" von 1899 e. V., Mitglied des Beirats des Bremer Fußball-Verbands (BFV)
**Persönliches:** verheiratet,
Sohn Immo, Tochter Ilka
**Ausbildung / Beruf:**
Direktor der Bremer Verwaltungsschule und Leiter des Aus- und Fortbildungszentrums bis 31.12.2003
**Hobbys:** Theater, Konzerte, Skat, Prellball, Politik

### Manfred Müller

**Position:** seit 2004 Geschäftsführer Marketing und Management
**Geburtsdatum:** 27.06.1944
**Geburtsort:** Bremen
**Bei Werder Bremen seit:** 10.02.1986
**Bisherige Positionen:**
1988 – 1999 Schatzmeister,
1999 – 2003 Vorstandsmitglied Marketing und Management
**Weitere Position:**
Mitglied des Aufsichtsrats der Deutschen Fußball-Liga (DFL)
**Persönliches:** verheiratet,
Tochter Ann-Christin,
Sohn Christoph-Alexander
**Ausbildung / Beruf:**
Vorstandsvorsitzender AOK Bremen / Bremerhaven bis 30.06.1999
**Hobbys:** Fußball, Skat, Tennis

TRIUMPHAL SCHWENKTE
ER DIE GRÜN-WEISSE FAHNE,
ALS DER GEGENANGRIFF AUF
DEM FELDE VERPUFFTE.
Kappa
BLEIB SPORTLICH

# Werder Bremen GmbH & Co KG aA

## Aufsichtsrat

### Willi Lemke

**Position:** seit 2005 Vorsitzender des Aufsichtsrats
**Geburtsdatum:** 19.08.1946
**Geburtsort:** Pönitz / Ostholstein
**Bisherige Positionen:**
1981 – 1999 Manager
1999 – 2003 Aufsichtsratsmitglied
2003 – 2004 Stellvertretender Vorsitzender des Aufsichtsrats
**Bei Werder Bremen seit:** 25.06.1975
**Familienstand:** verheiratet, Söhne Christoph, Tim, Lars, Tochter Nele
**Ausbildung / Beruf:**
Abitur, 1. Staatsexamen in Erziehungs- u. Sportwissenschaften / Wissenschaftlicher Mitarbeiter der Uni Hamburg und der Uni Bremen, 1974 – 1981 SPD-Landesgeschäftsführer, Mitglied der Deputation f. Sport, 1998 – 1999 ehrenamtlicher Lehrbeauftragter der Uni Bremen, 1999 – 2007 Senator für Bildung u. Wissenschaft, 2007 – 2008 Senator für Inneres und Sport, seit April 2008 Sonderberater des UN-Generalsekretärs für Sport im Dienste von Frieden und Entwicklung
**Hobbys:** Marathon, Ski

### Dr. Hubertus Hess-Grunewald

**Position:** seit 2005 Stellvertretender Vorsitzender des Aufsichtsrats
**Geburtsdatum:** 14.10.1960
**Geburtsort:** Varel
**Bisherige Positionen:**
1993 – 1999 Vorstandsmitglied der Fußball-Amateurabteilung
1999 – 2004 Aufsichtsratsmitglied
**Bei Werder Bremen seit:**
28.08.1970
**Weitere Position:**
Vize-Präsident Sport-Verein „Werder" von 1899 e. V.
**Familienstand:** verheiratet, Söhne Hannes, Paul
**Ausbildung / Beruf:**
Jurastudium / Rechtsanwalt (Fachanwalt für Arbeitsrecht)
**Hobby:**
Werder Bremen

### Dr. Werner Brinker

**Position:** seit 2004 Aufsichtsratsmitglied
**Geburtsdatum:** 30.03.1952
**Geburtsort:** Lingen / Ems
**Bei Werder Bremen seit:**
01.07.2003
**Familienstand:**
verheiratet, Töchter Caroline, Friederike
**Ausbildung / Beruf:**
Dr.-Ing. Bauingenieurwesen, Vorsitzender des Vorstands der EWE AG
**Hobbys:**
Skifahren, Tennis, Golf

### Gunnar Lübben-Rathjen

**Position:** seit 1999 Aufsichtsratsmitglied
**Geburtsdatum:** 09.04.1964
**Geburtsort:** Bremen
**Bisherige Positionen:**
1984 – 1990 Sportwart Handball
1990 – 1999 Abteilungsleiter Handball
**Bei Werder Bremen seit:**
02.08.1983
**Weitere Position:**
Abteilungsleiter Handball
**Familienstand:**
verheiratet, Söhne Frithjof, Tjark, Tochter Berit
**Ausbildung / Beruf:**
Maschinenbaustudium, Abschluss Diplom-Ingenieur / Head of Central Order Processing – Production Department der Fa. Atlas Elektronik GmbH
**Hobbys:**
Modellbau, Sport (Handball)

### Hans Schulz

**Position:** seit 1999 Aufsichtsratsmitglied
**Geburtsdatum:** 04.12.1942
**Geburtsort:** Halle / Saale
**Bei Werder Bremen seit:** 04.07.1953
**Familienstand:** verheiratet
**Spielerlaufbahn:**
1963 – 1964 Werder Bremen Amateure
1964 – 1966 Werder Bremen
1966 – 1971 Hamburger SV
1971 – 1974 Fortuna Düsseldorf
1974 – 1976 Alemannia Aachen
**Sportliche Erfolge:**
Deutscher Meister 1965, Finale im Europapokal der Pokalsieger 1968, 214 Bundesligaspiele / 40 Tore
**Ausbildung / Beruf:**
Textilkaufmann
**Hobbys:** Golf, Tennis

### Niels Stolberg

**Position:** seit 2008 Aufsichtsratsmitglied
**Geburtsdatum:** 24.11.1960
**Geburtsort:** Brake / Unterweser
**Bei Werder Bremen seit:**
18.03.2004
**Familienstand:**
verheiratet, Töchter Nina, Marie, Neele
**Ausbildung / Beruf:**
Dipl.-Wirtschaftsingenieur für Seeverkehr, großes Kapitänspatent, Geschäftsführender Gesellschafter Beluga Shipping GmbH
**Hobbys:**
Segeln, Fußball

*Stand: 17.11.2008*

# Werder Bremen Trainer

## Thomas Schaaf

**Position:** Cheftrainer
**Geburtsdatum:** 30.04.1961
**Geburtsort:** Mannheim
**Bei Werder Bremen seit:** 01.07.1972
**Spielerlaufbahn:** bis 1978 Jugendspieler Werder Bremen, 1979 – 1994 Lizenzspieler Werder Bremen
**Trainerlaufbahn:**
1987 – 1988 B-Jugend Werder Bremen; 1988 – 1995 A-Jugend Werder Bremen; 1995 – 1999 Werder Bremen Amateure und Nachwuchs-Cheftrainer
**Größte sportliche Erfolge als Spieler:**
Deutscher Meister 1988, 1993; DFB-Pokalsieger 1991, 1994; Europapokalsieger der Pokalsieger 1992; deutscher Supercup-Sieger 1988, 1993, 1994; 2 Länderspiele U 21
**Größte sportliche Erfolge als Trainer:**
Deutscher Meister 2004; DFB-Pokalsieger 1999, 2004; Liga-Pokalsieger 2006;
**Persönliches:** verheiratet mit Astrid, Tochter Valeska
**Hobbys:** Familie, Lesen, Musik, Theater, Musical

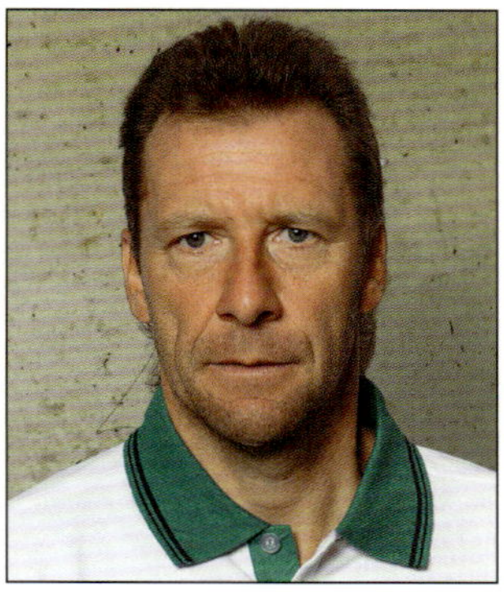

## Wolfgang Rolff

**Position:** Co-Trainer
**Geburtsdatum:** 26. 12. 1959
**Geburtsort:** Lamstedt
**Bei Werder seit:** 01. 07. 2004
**Spielerlaufbahn:** 1978 – 1980 OSC Bremerhaven; 1980 – 1982 Fortuna Köln; 1982 – 1986 Hamburger SV; 1986 – 1989 Bayer 04 Leverkusen; 1989 – 1990 Racing Strasbourg; 1990 – 1991 Bayer 05 Uerdingen; 1991 – 1994 Karlsruher SC; 1994 – 1995 1. FC Köln; 1995 – 1996 Fortuna Köln
**Trainerlaufbahn:** 03 – 07 / 1997 Co-Trainer Hamburger SV; 01– 07 / 1998 SV Meppen; 07 – 12 / 1998 Co-Tr. VfB Stuttgart; 12 / 1998 VfB Stuttgart; 11 / 2000 – 07 / 2001 Co-Trainer Bayer Leverkusen; 09 / 2001 – 10 / 2002 Co-Tr. A-Nationalmannschaft Kuwait
**Größte sportliche Erfolge als Spieler:**
Vize-Weltmeister 1986; Europapokalsieger der Landesmeister 1983 mit dem HSV; UEFA-Cup-Sieger 1988 mit Bayer 04 Leverkusen; deutscher Meister 1983 mit dem HSV
**Persönliches:** verheiratet mit Andrea, Sohn Yannick
**Hobby:** Fußball

## Matthias Hönerbach

**Position:** Co-Trainer
**Geburtsdatum:** 13. 04. 1962
**Geburtsort:** Köln
**Bei Werder seit:** 01. 07. 2005
**Spielerlaufbahn:**
1980 – 1981 Bayer 04 Leverkusen;
1981 – 1990 1. FC Köln;
1990 – 1994 1. FC Saarbrücken
**Trainerlaufbahn:** 1994 / 95 Co-Trainer Eintracht Trier; 1995 / 96 1. FC Köln Amateure; 1996 – 2003 Viktoria Köln
**Größte sportliche Erfolge als Spieler:**
DFB-Pokalsieger 1983 mit 1. FC Köln;
Erreichen des UEFA-Cup-Finales 1986 mit 1. FC Köln;
202 Bundesliga-Spiele / 4 Tore für 1. FC Köln und 1. FC Saarbrücken
**Persönliches:** Lebenspartnerin Mita, Sohn Johannes, Tochter Olivia
**Hobbys:** Familie, Lesen, Golf spielen

## Michael Kraft

**Position:** Torwart-Trainer
**Geburtsdatum:** 23. 04. 1966
**Geburtsort:** Dernbach
**Bei Werder seit:** 01. 01. 2006
**Spielerlaufbahn:** 1988 – 1990 1. FC Köln; 1990 – 1993 Bakirköyspor Istanbul (Türkei); 1993 – 1998 1. FC Köln; 1998 – 1999 FC Gütersloh
**Laufbahn als Torwart-Trainer:**
2000 – 2001 FC Carl Zeiss Jena; 2002 – 2003 LR Ahlen; 06 / 2003 – 12 / 2003 SK Bucheon (Südkorea); 01 / 2004 – 12 / 2004 FC Incheon United (Südkorea); 06 / 2005 – 12 / 2005 Preußen Münster
**Größte sportliche Erfolge als Spieler:**
27 Bundesliga-Spiele; 81 Erstliga-Spiele in der Türkei; deutscher Vize-Meister 1989 mit dem 1. FC Köln
**Persönliches:** verheiratet mit Daniela, Sohn Philip, Tochter Amélie
**Hobby:** Fußball

## Yann-Benjamin Kugel

**Position:** Fitness-Trainer
**Geburtsdatum:** 16. 12. 1979
**Geburtsort:** Sieglar
**Bei Werder seit:** 01. 07. 2008
**Ausbildung:**
Diplom-Sportwissenschaftler, lizenzierter Personal-Trainer, Body-Trainer A-Lizenz
**Persönliches:**
Lebenspartnerin Serena, Tochter Emilia
**Hobbys:**
Fußball, Handball, Tennis

Das größte
Sporthaus
für die
11 besten Freunde.
Norddeutschlands
größtes Sporthaus!
Jetzt bei dodenhof.
28869 Posthausen, Tel.: 04297-30
www.dodenhof.de
Alles, was das Leben schöner macht.
dodenhof

# Leistungszentrum

**Anschrift:** Franz-Böhmert-Str. 7
28205 Bremen

**Geschäftsführer:** Klaus-Dieter Fischer
**Telefon:** 04 21 – 43 45 91 14

**Nachw.-Manager:** Uwe Harttgen
**Telefon:** 04 21 – 43 45 92 35
**Fax:** 04 21 – 498 40 13
**Stellvertr. Nachw.-Manager:**
Björn Schierenbeck

**Nachwuchs-Cheftrainer:** Thomas Wolter
**Telefon:** 04 21 – 43 45 92 35

**Sekretariat:** Elisabeth Kremin,
Frauke Strecker
**Telefon:** 04 21 – 43 45 92 35
04 21 – 43 45 92 92
**Fax:** 04 21 – 498 86 72
**Internet:** www.werder.de
**E-Mail:** info@werder.de

## Fußball-Internat in der Ostkurve des Weser-Stadion

„Wilhelm-Scharnow-Internat"
**Leitung:** Dipl.-Psychologe
Uwe Harttgen
**Wirtschafterin:** Jutta Reichel

Appartement-Haus „Hastedter Heerstraße"
**Wirtschafterin:** Anke Urbainski

## Stützpunkttraining

**Verantwortlich:** Sandro Stallbaum,
Harald Albrecht

## ‚DFB-Eliteschule' Integrierte Stadtteilschule und Gymnasium Obervieland

Ein Verbundsystem zwischen Bremer Bildungsbehörde, Bremer Fußball-Verband und Werder Bremen.

## ‚100 % Werder! Talent'

Jährliche Aktionstage, bei denen Nachwuchsspieler für die E- und D-Jugend-Mannschaften von Werder Bremen gesichtet werden.

## ‚100 % Werder! Camp'

Bei der mehrtägigen Veranstaltung erhalten 100 Kinder und Jugendliche die Möglichkeit, Werder Bremen bei Trainingseinheiten mit den Leistungstrainern und einem umfangreichen Rahmenprogramm kennenzulernen.

## ‚100 Schulen – 100 Vereine'

Kooperation mit Schulen und Vereinen zur Förderung des Sports, insbesondere des Fußballs, in der Region in Partnerschaft mit AOK und Kraft Foods.

---

## U 23

**Trainer:** Thomas Wolter
**Co-Trainer:** Frank Bender
**Torwart-Trainer:** Michael Jürgen
**Team-Manager:** Rainer M. Jördens
**Mannschaftsärzte:** Dr. Dominik Schwarz,
Dr. Philip Heitmann
**Physiotherapeut:** Sven Plagge
**Reha-Trainer:** Jens Beulke
**Betreuer:** Benno Urbainski,
Hartmut Quäker
**Trikotpartner:** Citibank
**Sportliche Erfolge:** Deutscher Amateurmeister 1966, 1985, 1991
Deutscher Amateurvizemeister 1982, 1993

## U 21

**Trainer:** Andreas Ernst
**Co-Trainer:** Stefan Horeis
**Betreuer:** Wolfgang Baermann

## U 19

**Trainer:** Mirko Votava
**Co-Trainer:** Christian Lapke
**Masseur:** Stefan Kühn
**Betreuer:** Wolfgang Brase
**Sportliche Erfolge:** Deutscher Meister 1999,
Deutscher Vizemeister 1995, 2000

## U 18

**Trainer:** Marco Grote
**Co-Trainer:** Manfred Winkler,
Matthias Wirth
**Torwart-Trainer:** Detlef Voß
**Betreuer:** Stefan Quast,
Andreas Unglaube

## U 17

**Trainer:** Viktor Skripnik
**Co-Trainer:** Thomas Jahr
**Physiotherapeut:** Henning Kostro
**Betreuer:** Norbert Sunder
**Sportliche Erfolge:** Deutscher Vizemeister 1984, 1999

## U 16

**Trainer:** Marco Grote
**Co-Trainer:** Florian Kohfeldt
**Betreuer:** Jürgen Hamjediers
**Sportliche Erfolge:** Meister BFV 2001, 2002
2004, 2005, 2006, 2007

## U 15

**Trainer:** Thorsten Bolder
**Co-Trainer:** Horst-Dieter Höttges,
Birger Hufe
**Betreuer:** Udo Brokopf
**Sportliche Erfolge:** Norddeutscher Meister 1979, 1986, 1987, 1995, 1998, 1999, 2000, 2002, 2003, 2004, 2005, 2006, 2007, 2008

## U 14

**Trainer:** Norbert Hübner
**Co-Trainer:** Jens Käthner
**Betreuer:** Dieter Holländer

## U 13

**Trainer:** Harald Albrecht
**Co-Trainer:** Dennis Kahl
**Betreuer:** Gabriel Schäffer

## U 12

**Trainer:** Volker Radel
**Co-Trainer:** Horst Braakmann
**Betreuer:** Michael Martins

## U 11

**Trainer:** Peter Behrens
**Co-Trainer:** Britta Möhlmann,
Eva-Marlen Votava,
Markus Werle
**Betreuer:** Dominik Gutmann

## U 10

**Trainer:** Thomas Lorenzen
**Co-Trainer:** Frank Nixdorf

## U 9

**Trainer:** Ralf Görgens
**Co-Trainer:** Hajo Diederich,
Lars Schädler

## U 8

**Trainer:** Wolfgang Judel
**Co-Trainer:** Talat Demirkapi

## U 7

**Trainer:** Wolfgang Weyers
**Betreuer:** Matthias Bitsch

## U 6

**Trainer:** Günter Metzdorf
**Co-Trainerin:** Conny Metzdorf
**Betreuerin:** Katja Metzdorf

**Torwart-Trainer:** Michael Jürgen
Christian Lapke
**Koordin.-Trainer**
**U 23 bis U 15:** Lars Figura
**U 14 bis U 6:** Andriy Wornat

**Reha-Trainer:** Jens Beulke

# Herausforderung 3. Liga

Foto: Rospek

Foto: Stöver

Foto: imago

Foto: Stöver

Foto: Stöver

Foto: Rospek

Es war ein starker Abgang der U 23 von Werder Bremen aus der Regionalliga Nord. Acht Jahre lang waren die Grün-Weißen fester Bestandteil der dritthöchsten deutschen Spielklasse und qualifizierten sich souverän für die neu gegründete 3. Liga – als einzige zweite Mannschaft in der Nordstaffel. Mehr noch: Werder sorgte auch im DFB-Pokal mit Siegen gegen den 1. FC Köln und den FC St. Pauli für Furore.

**An diese Erfolge** wollen die Grün-Weißen anknüpfen. „Die 3. Liga ist eine riesige Herausforderung für uns – mit neuen Spielern, neuen Gegnern und noch mehr Präsenz in den Medien", sagt Trainer Thomas Wolter, der zusammen mit seinem Co-Trainer Frank Bender in die siebte Saison geht. Allerdings: Die neue Spielklasse ist ein echter Härtetest für die Grün-Weißen, denn im Sommer fand ein personeller Umbruch statt. Insgesamt zwölf Talente verließen den Verein. Darunter auch etablierte Kräfte wie Dominic Peitz (VfL Osnabrück), Frank Löning und Florian Mohr (beide SC Paderborn) sowie Amaury Bischoff (Arsenal London) und Alparslan Erdem (Galatasaray Istanbul).

**„Diese Situation ist nicht neu** für uns. Nach fast jeder Saison haben uns einige Leistungsträger verlassen oder sind in den Profikader gerückt. Es liegt an uns, eine neue, schlagkräftige Mannschaft aus jungen Talenten zusammenzustellen, die sich in der Liga behauptet", so Trainer Thomas Wolter, zu dessen Team mit Nicolas Feldhahn (Erzgebirge Aue) und Torsten Oehrl (SpVgg Greuther Fürth) zwei Neuzugänge stießen. Zehn Talente rückten aus dem eigenen Nachwuchs auf.

**Neben dem sportlichen Erfolg** zählt vor allem die fußballerische Entwicklung jedes einzelnen Spielers. Seit Jahrzehnten gehört Werder Bremen mit seiner Talentförderung zu den Aushängeschildern in Deutschland und Europa und setzt mit neuen Ideen immer wieder Maßstäbe in der Nachwuchsarbeit, die durch die DFB-3-Sterne-Zertifizierung nachhaltig bestätigt wurde. Seit 1980 gelang über 85 Spielern des Nachwuchsleistungszentrums der Sprung in den Profikader, unter anderen waren dies: Tim Borowski, Christian Schulz, Christoph Dabrowski, Dieter Eilts, Martin Harnik, Uwe Harttgen, Aaron Hunt, Frank Ordenewitz, Jérôme Polenz, Simon Rolfes, Thomas Schaaf oder Nelson Valdez.

FUSSBALL,
WIE ER SEIN SOLL
5:1
Coca-Cola
zero
ECHTER GESCHMACK
UND ZERO ZUCKER
Coca-Cola zero
WWW.COKE.DE
Coca-Cola, Coke, die dynamische Welle und die Konturflasche sind eingetragene Schutzmarken der The Coca-Cola Company. Coca-Cola Zero ist koffeinhaltig.

Fotos: Stöver

# In der Regionalliga etablieren

Mit dem Aufstieg in die Regionalliga Nord haben Werders Fußballerinnen ein erstes Etappenziel auf ihrem Weg in die zweite Bundesliga erreicht. Und das sogar mehr als beeindruckend: Denn die Mannschaft von Trainerin Birte Brüggemann musste in ihrer ersten Saison nicht eine einzige Niederlage hinnehmen und sicherte sich mit 162:0 Toren den Titel in der Bremer Verbandsliga. Anschließend gelang in den Relegationsspielen gegen den Niendorfer TSV und den Ratzeburger SV der Aufstieg in die Regionalliga Nord. „Wir sind auf unserer Reise in die zweite Bundesliga schnell unterwegs", befand Werders Geschäftsführer Klaus-Dieter Fischer zur ersten Saison nach der Neugründung des Projekts ‚Frauenfußball' bei Werder.

**Innerhalb der nächsten drei Jahre** soll der Aufstieg in die zweite Bundesliga erreicht werden. „Nun geht es aber erst einmal darum, sich in dieser Liga zu etablieren", bremst Birte Brüggemann die Erwartungen. Nahezu alle Spielerinnen, die sich durch das Verbandsliga-Jahr gekämpft haben, erhielten die Möglichkeit, ihr Können auch in der Regionalliga unter Beweis zu stellen. Das junge Team, das mit Miriam Müller und Simone Wimberg (beide BW Bümmerstede) lediglich zwei Abgänge verzeichnete, wurde neben Josefine Holsten (Hamburger SV) auch durch Antje König (ATSV Scharmbeckstotel), Nahrin Uyar (TV Jahn Delmenhorst) und Jana Beling (Werder U-17-Juniorinnen) verstärkt. „Dazu werden wir eng mit der zweiten Mannschaft und den U-17-Juniorinnen zusammenarbeiten, so dass sicher immer wieder eine Spielerin zu uns stoßen wird."

**Veränderungen gab es auch im Trainerteam** der Grün-Weißen. Thomas Mann steht Trainerin Birte Brüggemann als Co-Trainer zur Seite, Norman Ibenthal übernahm das Amt des Torwarttrainers. Betreuerin ist weiterhin Anke Urbainski.

# Sport-Verein „Werder" von 1899 e.V.

## Geschäftsführendes Präsidium

*Stand: 17.11.2008*

### Klaus-Dieter Fischer

**Position:** seit 01.07.2003 Präsident
**Geburtsdatum:** 27.12.1940
**Geburtsort:** Bremen
**Bei Werder Bremen seit:** 06.01.1955
**Bisherige Positionen:** Schiedsrichter, Schatzmeister der Amateurabteilung, Jugendtrainer, Jugendbetreuer, 1970 – 1974 3. Präsident, 1974 – 1999 Vizepräsident, 1999 – 2003 Vorstandsmitglied
**Weitere Positionen:** Geschäftsführer Leistungszentrum Fußball u. a. Sportarten der Werder Bremen GmbH & Co. KG a. A., Mitglied des Beirats des Bremer Fußball-Verbands (BFV)
**Familienstand:** verheiratet, Sohn Immo, Tochter Ilka
**Ausbildung / Beruf:** Direktor der Bremer Verw.-schule und Leiter des Aus- und Fortbildungszentrums bis 31.12.2003
**Hobbys:** Theater, Konzerte, Skat, Prellball, Politik

### Dr. Hubertus Hess-Grunewald

**Position:** seit 01.07.2003 Vize-Präsident
**Geburtsdatum:** 14.10.1960
**Geburtsort:** Varel
**Bei Werder Bremen seit:** 28.08.1970
**Bisherige Positionen:**
1993 – 1999 Vorstandsmitglied der Fußball-Amateurabteilung
1999 – 2003 Aufsichtsratsmitglied des Sport-Verein „Werder" von 1899 e.V.
**Weitere Position:** Mitglied des Aufsichtsrats der Werder Bremen GmbH & Co. KG a. A. (seit 07.02.2005 stellvertretender Vorsitzender)
**Familienstand:** verheiratet, Söhne Hannes, Paul
**Ausbildung / Beruf:** Jurastudium / Rechtsanwalt (Fachanwalt für Arbeitsrecht)
**Hobby:** Werder Bremen

### Axel Plaat

**Position:**
seit 01.07.2003 Schatzmeister
**Geburtsdatum:** 24.06.1958
**Geburtsort:** Bremen
**Bei Werder Bremen seit:** 01.06.1967
**Bisherige Positionen:**
1973 – 2000 Trainer Fußball-Abteilung
2001 – 2003 Kassenrevisor
**Familienstand:** verheiratet
**Ausbildung / Beruf:**
Bankkaufmann / Credit Officer im Local Credit Office der Commerzbank AG Hamburg
**Hobbys:**
Fußball, Tennis, Reisen

## Mitglieder des Präsidiums

**Dietmar Ernst**
Abteilungsleiter Fußball

**Gunnar Lübben-Rathjen**
Abteilungsleiter Handball

**Christian Schwarting**
Abteilungsleiter Leichtathletik

**Dr. Till Schelz-Brandenburg**
Abteilungsleiter Schach

**Werner Meyer**
Abteilungsleiter Tischtennis

**Manfred Jacobi**
Abteilungsleiter Turnspiele & Gymnastik

**Peter Logemann**
Jugendreferent

**Jürgen Sterzik**
Sportreferent

# SV Werder Bremen und seine Sportarten

Fotos: Martin Rospek

## Abteilungen

**Fußball**
Abteilungsleiter: Dietmar Ernst,
Tel. 04 21 – 51 05 29
Pressewartin: Kerstin Gloge,
Tel. 04 21 – 498 58 29
Jugendleiter: Jens Höfer,
Tel. 04 21 – 43 45 91 66

**Leichtathletik**
Abteilungsleiter:
Christian Schwarting,
Tel. 04 21 – 44 48 99
Pressewart: Olaf Kelterborn,
Tel. 04 21 – 437 39 61

**Handball**
Abteilungsleiter:
Gunnar Lübben-Rathjen,
Tel. 04 21 – 45 44 54
Jugendleiterin: Elke Humrich,
Tel. 04 21 – 44 89 29
Pressewart: Martin Lange,
Tel. 04 21 – 43 45 91 44

**Schach**
Abteilungsleiter:
Dr. Till Schelz-Brandenburg,
Tel. 01 520 – 896 31 39
Jugendleiter: Oliver Müller

**Tischtennis**
Abteilungsleiter: Werner Meyer,
Tel. 040 – 30 01 29 88
Jugendleiterin: Birte Grensemann,
Tel. 01 75 – 562 01 57

**Turnspiele & Gymnastik**
Abteilungsleiter: Manfred Jacobi,
Tel. 015 20 – 896 31 33

**Jugendreferent**
Peter Logemann,
Tel. 04 21 – 48 20 55

**Sportreferent**
Jürgen Sterzik,
Tel. 04 21 – 58 23 44

## Dank an die ehrenamtlichen Mitarbeiter!

**Auf die ehrenamtliche Mitarbeit** seiner Mitglieder in den Abteilungen ist der SV Werder besonders stolz. Der SV Werder ist ein attraktiver Sportverein, wie seine hohe Mitgliederzahl beweist. (Aktuelle Berichte und Informationen aus den Abteilungen im WERDER-Magazin)

## Ältestenrat

**Peter Eilers**

**Horst Kühne**

**Werner Laue**

**Horst Münte**

**Wolfgang Schäfer**

**Günter Schulze**

**Hans Wild**

**Gemeinsam mit den** sechs Abteilungsleitern bilden die Mitglieder des Ältestenrats den Wahlausschuss. Er schlägt der Mitgliederversammlung Kandidaten für das geschäftsführende Präsidium des SV „Werder" von 1899 e. V. und den Aufsichtsrat der GmbH & Co. KG aA vor.

## Entwicklung der Mitgliederzahl

Wir sorgen für mehr Druck bei Werder Bremen
Die COMKOPIE Gruppe ist offizieller Lieferant von Werder Bremen für Druck-, Kopier-, Scan- und Faxsysteme.
Offizieller Partner von:
Die COMKOPIE-Gruppe:
COMKOPIE
Ges. für digitale Drucksysteme mbH
teampoint
COMKOPIE GmbH
Autorisierter Service Provider
So erreichen Sie uns:
Linzer Straße 6
28359 Bremen
Telefon (0421) 2 01 26 - 0
Telefax (0421) 2 01 26 - 30
Internet: www.comkopie.de
E-Mail: info@comkopie.de
Digitale Kopiersysteme in s/w und Farbe Drucksysteme in s/w und Farbe
Multifunktionale Faxsysteme Hard- und Software-Lösungen – autorisierter Apple Service Provider

# Das Team hinter dem Team

Mehr als 100 hauptamtliche Mitarbeiterinnen und Mitarbeiter arbeiten bei Werder Bremen für den Bundesliga-Fußball, das Leistungszentrum und die Vereinsabteilungen. Von der Geschäftsführung bis zur Mitgliederverwaltung, von den Medien bis zur Wäscherei trägt jede Abteilung zum reibungslosen Ablauf bei.

**Klaus Allofs**
Geschäftsführer Profifußball

**Ingrid Aydemir**
Wäscherei

**Onur Ayik**
Auszubildender Sport- und Fitnesskaufmann

**Bianca Becker**
Ticketcenter

**Christel Behrens**
Stellvertretende Wirtschaftsleiterin Internat

**Uwe Behrens**
Zeugwart

**Frank Bender**
Co-Trainer U 23

**Holger Berger**
Physiotherapeut

**Jens Beulke**
Diplom-Sportlehrer, Reha-Trainer

**Markus Biereichel**
Medien und PR

**Annika Blase**
Sekretariat der Geschäftsführung

**Stefanie Bolder**
Ticketcenter

**Thorsten Bolder**
Trainer U 15

**Jürgen L. Born**
Vorsitzender der Geschäftsführung und Geschäftsführer Finanzen

**Birte Brüggemann**
Frauen- und Mädchenfußball

**Daniel Bruss**
Controlling und Personal

**Simone Conrad**
Buchhaltung

**Folke Dannemann**
CRM und Marketing

**Marika Diesing**
Sozialmanagement

**Marcus Fährer**
Ticketcenter

**Hune Fazlic**
Scouting

**Klaus-Dieter Fischer**
Geschäftsführer Leistungszentrum Fußball und andere Sportarten

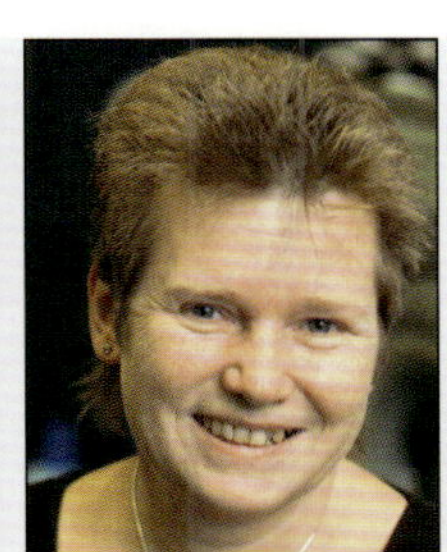

**Martina Flessner**
Wäscherei

**Henrike Fließbach**
Ticketcenter

Vitakraft
gibt Lebenskraft
Aus Liebe zum Tier
®
Tierisch gut am Ball!
... grüßt alle Tierfreunde!
www.vitakraft.de

# Das Team hinter dem Team

**Ralph Freudrich**
Ticketcenter

**Katharina Freyberg**
Empfangssekretariat

**Jörg Fürst**
Rechnungswesen und Ticketmanagement

**Marco Grote**
Trainer U 18

**Katrin Grüschow**
Buchhaltung

**Stephan Güttler**
EDV-Administrator

**Catharine Haertel**
Mitgliederverwaltung

**Hinrich von Hallen**
Controlling und Personal

**Marita Hanke**
Medien und PR

**Uwe Harttgen**
Nachwuchs-Manager

**Susanne Henke**
Buchhaltung

**Jens Höfer**
Vereins- und Amateur-angelegenheiten

**Sandra Hoffmann**
Ticketcenter

**Norman Ibenthal**
Medien und PR Leistungszentrum

**Peer Jaekel**
Scouting

**Michael Jürgen**
Scouting

**Karl-Heinz Kamp**
Scouting

**Detlef Kollra**
Zeugwart

**Sebastian Kommer**
Callcenter

**Matthias Kook**
Vereins- und Amateur-angelegenheiten

**Elisabeth Kremin**
Sekretariat Leistungszentrum

**Martin Lange**
Medien und PR

**Anne-Kathrin Laufmann**
Sozialmanagement

**Mehmedalija Lilic**
Hausmeister Werder-Halle

Halbzeitwurst!
Könecke
Prima Wurst.
Offizieller Lieferant der Original Werder-Bratwurst.

# Das Team hinter dem Team

**Sehija Lilic**
Hausmeisterin
Werder-Halle

**Janina Löwer**
Buchhaltung

**Roland Martinez**
Dolmetscher

**Kimberly Masters**
Auszubildende Sport- und Fitnesskauffrau

**Petra Mayrhofer**
Mitgliederverwaltung

**Manfred Müller**
Geschäftsführer
Marketing und
Management

**Friedrich Munder**
Zeugwart

**Florian Nagel**
Auszubildender Sport- und Fitnesskaufmann

**Frank Ordenewitz**
Scouting

**Nicole Otten**
Buchhaltung

**Sonja Päs**
Medien und PR

**Heike Pape**
Callcenter

**Bernd Pfeifer**
Scouting

**Nadja Pilzweger**
Sozialmanagement

**Tino Polster**
Mediendirektor

**Marita Rabe-Steinberg**
Empfangssekretariat

**Oliver Rau**
Marketing und
Sponsoring

**Olaf Rebbe**
Marketing

**Jutta Reichel**
Wirtschaftsleiterin
Internat

**Michael Rudolph**
Medien und PR

**Björn Schierenbeck**
Stellvertretender
Nachwuchs-Manager

**Petra Schmidt**
Mitgliederverwaltung

**Ingrid Siebke**
Wäscherei

**Viktor Skripnik**
Trainer U17

Aus; der Reihe tanzt, wer noch kein Handy hat.
Es gibt viele Gründe, sich für einen Mobilfunkanschluss der EWE TEL zu entscheiden. Attraktive Tarife für jeden Typ, tolle Handys zu günstigen Preisen und modernste Features wie MMS-Fotoalbum und UMTS-Services.
Infos unter:
www.ewetel.de oder
0800 0101400
EWE
TEL

# Das Team hinter dem Team

**Horst Stange**
Autogrammkartenpost

**Petra Stockmann**
Mitgliederverwaltung

**Christian Stoll**
Marketing / Hospitality

**Frauke Strecker**
Leistungszentrum / Coaching und Schulungen

**Tobias Süveges**
Scouting

**Christian Tonke**
EDV-Administrator

**Anke Urbainski**
Wirtschafterin Appartement-Haus

**Benno Urbainski**
Teambetreuer U 23

**Torsten Urbainski**
Hausmeister

**Tanja Vogeley**
Callcenter

**Miroslav Votava**
Trainer U 19

**Christiane Wilke**
Buchhaltung

**Thomas Wolter**
Nachwuchs-Cheftrainer

**Stefan Wolters**
Physiotherapeut

**Nicole Wrage**
Callcenter

**Klaus Zagermann**
Geschäftsstelle

**Dieter Zeiffer**
Fanbeauftragter

**Angela Zitzmann**
Sekretariat der Geschäftsführung

## Das Stadion-Team

**Marcus Mbiwe**
DJ „Choco"

**Christian Stoll**
Stadionmoderator „Stolli"

**Arnd Zeigler**
Stadionmoderator „Arnie"

# Das Team hinter dem Team

## Das Team vom Sporthep „Werder“

**Dr. Götz Dimanski**
Geschäftsführer und Mannschaftsarzt Bundesliga

**Florian Lauerer**
Physiotherapeut Bundesliga

**Sven Plagge**
Physiotherapeut U 23

**Stefan Kühn**
Physiotherapeut U 19

**Henning Kostro**
Physiotherapeut U 17

## Das Team der Werder Bremen Fan-Service GmbH

**Petra Stelljes**
Geschäftsführerin

**Sandra Böhmert**
Auftragsbearbeitung

**Marlene Gerkens**
Vertrieb

**Katja Haack**
Korrespondenz

**Petra Hattendorf**
Verkauf

**Frank Hopp**
Sachbearbeiter

**Markus Horstmann**
Leiter Lagerverwaltung

**Michaele de la Iglesia**
Buchhaltung

**Maren Kaminski**
Assistentin der Geschäftsführung

**Uwe Kühle**
Stadionverkauf / Fanmobil

**Michael Meyer**
Lager und Versand

**Sandra Meyer**
Auszubildende Einzelhandelskauffrau

**Jana Rümenapp**
Verkauf

**Romy Rupp**
Verkauf

**Matthias Samuel**
Verkauf

**Lars Schneider**
Sachbearbeiter

**Marcus Scholz**
Lager und Versand

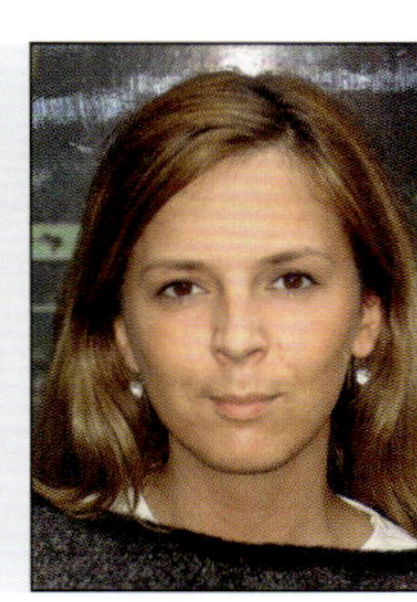

**Klaudia Trzeciak**
Auszubildende Einzelhandelskauffrau

**Georgette Wässa**
Leitung Fan-Shops

**Tim Zinke**
Lager und Versand

# Auf einen Blick

**Anschrift:** Werder Bremen
Franz-Böhmert-Str. 1c
28205 Bremen

**Öffnungszeiten Geschäftsstelle:** Montag – Mittwoch 9 – 17 Uhr
Donnerstag 9 – 18 Uhr
Freitag 9 – 15 Uhr

**Telefon Geschäftsstelle und Ticketcenter:** **0 18 05 / 937 337**
(€ 0,14 € / Minute, Mo. – Fr. 9 – 18 Uhr, Sa. 11 – 13 Uhr, nur bei Heimspielen)

**Internet:** **www.werder.de**
**E-Mail:** info@werder.de

**Fax Geschäftsstelle:** 04 21 / 49 05 06
**Fax Ticketcenter:** 04 21 / 43 45 91 50

## Werder Bremen GmbH & Co. KG aA

**Geschäftsführung:** Jürgen L. Born (Vorsitzender u. Geschäftsführer Finanzen und Öffentlichkeitsarbeit), Klaus Allofs (Geschäftsführer Profifußball), Klaus-Dieter Fischer (Geschäftsführer Leistungszentrum Fußball und andere Sportarten), Manfred Müller (Geschäftsführer Marketing und Management)

**Aufsichtsrat:** Willi Lemke (Vorsitzender), Dr. Hubertus Hess-Grunewald (Stellv. Vorsitzender), Dr. Werner Brinker, Gunnar Lübben-Rathjen, Hans Schulz, Niels Stolberg (Stand: 17.11.2008)

**Cheftrainer:** Thomas Schaaf
**Co-Trainer:** Matthias Hönerbach, Wolfgang Rolff
**Torwart-Trainer:** Michael Kraft
**Fitness-Trainer:** Yann-Benjamin Kugel
**Scouting (inkl. Leistungszentrum):** Frank Ordenewitz, Hune Fazlic, Karl-Heinz Kamp, Bernd Pfeifer, Michael Jürgen, Peer Jaekel, Tobias Süveges
**Mannschaftsarzt:** Dr. Götz Dimanski
**Physiotherapeuten:** Holger Berger, Stefan Wolters, Florian Lauerer
**Zeugwarte:** Detlef Kollra, Uwe Behrens, Friedrich Munder

## Verantwortungsbereiche

**Controlling und Personal:** Hinrich von Hallen
**Marketing und Sponsoring:** Oliver Rau
**Mediendirektor:** Tino Polster
**Publikationen und Akkreditierungen:** Marita Hanke
**Rechnungswesen und Ticketmanagement:** Jörg Fürst
**Vereins- und Amateurangelegenheiten:** Jens Höfer
**Frauen- und Mädchenfußball:** Birte Brüggemann
**Sozialmanagement:** Anne-Kathrin Laufmann
**Werder Fan-Service GmbH:** Petra Stelljes (Geschäftsführerin)
**Sporthep 'Werder' GmbH Sporttherapie und Rehabilitation:** Dr. Götz Dimanski (Geschäftsführer)
**Die größten Erfolge:**
Deutscher Meister 1965, 1988, 1993, 2004
Deutscher Pokalsieger 1961, 1991, 1994, 1999, 2004
Deutscher Supercup-Sieger 1988, 1993, 1994
Deutscher Liga-Pokal-Sieger 2006
Europapokalsieger der Pokalsieger 1992
Deutscher Amateurmeister 1966, 1985, 1991
**Ehrenspielführer:**
Richard Ackerschott (†), Marco Bode, Dieter Burdenski, Dieter Eilts, Horst-Dieter Höttges, Arnold „Pico" Schütz

## Leistungszentrum Fußball Werder Bremen

**Anschrift:**
Franz-Böhmert-Str. 7, 28205 Bremen
**Leitung:** Klaus-Dieter Fischer
**Nachwuchs-Manager:** Uwe Harttgen
**Nachwuchs-Cheftrainer:** Thomas Wolter

## Sport-Verein „Werder" von 1899 e.V.

**Gegründet:** 4. Februar 1899

**Geschäftsführendes Präsidium:**
Klaus-Dieter Fischer (Präsident),
Dr. Hubertus Hess-Grunewald (Vize-Präsident),
Axel Plaat (Schatzmeister)

**Mitglieder des Präsidiums:**
Dietmar Ernst (Abteilungsleiter Fußball),
Gunnar Lübben-Rathjen (AbtL. Handball),
Christian Schwarting (AbtL. Leichtathletik),
Dr. Till Schelz-Brandenburg (AbtL. Schach),
Werner Meyer (AbtL. Tischtennis),
Manfred Jacobi (AbtL. Turnspiele u. Gymnastik),
Peter Logemann (Jugendreferent),
Jürgen Sterzik (Sportreferent)

**Ältestenrat:**
Peter Eilers, Horst Kühne, Werner Laue, Horst Münte, Wolfgang Schäfer, Günter Schulze, Hans Wild

**Ehrenmitglieder:**
Dr. Franz Böhmert (†), Joachim Bunzel, Meta Finke, Klaus-Dieter Fischer, Frank Jatho, Fini Krüger, Peter Logemann, Peter Sztuka, Hans Wild, Wolfgang Westdörp

**Vereinsfarben:**
Grün-Weiß

**Mitglieder:**
34.222 (Stand 01.11.2008)